Philip van Haentjens
GEDANKENlos

Erste Auflage Wien 2023
Copyright © Metesatum Verlag Wien
Grünentorgasse 6, 1090 Wien
Alle Rechte vorbehalten.

Dieses Werk wurde ohne Zuhilfenahme von künstlicher Intelligenz geschaffen.

Umschlaggestaltung: CMM, Graz
Coverfoto: Eliana Cometa, Mailand
Lektorat: Dr. Angelika Klammer, Wien
Satz: Rosa Egg, Wien
Druck und Bindung: Firma „druck.at", Leobersdorf
ISBN: 978-3-200-09089-7
www.metesatum-verlag.com

PHILIP VAN HAENTJENS

GEDANKEN *los*

INHALT

Begrüßung   7

Prolog   8

Aus dem Leben   10

Warum   36

Das Jetzt. Die Störung. Das Ankommen   43

Wodurch   69

Das Sehen   71

Das Hören   77

Das Fühlen   81

Das Riechen   87

Das Schmecken   89

Das Fallen-Lassen   93

Das Atmen   98

Das Bewegen   100

Schwierigkeiten. Probleme. Dramen   107

Die Erleichterungen   116

Epilog   128

Ich heiße Sie willkommen.
Sie haben also dieses Büchlein zur Hand genommen.
Möglicherweise aus einem dieser zwei Gründe:

Entweder Sie verstehen sehr gut, wie Ihr Gehirn funktioniert, und benutzen es sinnvoll und nach Notwendigkeit.
Und möchten dieses wunderbare Werkzeug noch effizienter verwenden können.

Oder aber Sie haben das Gefühl, von Ihrem Gehirn, von Ihren Gedanken und vielleicht auch von Ihren Emotionen nicht „in Ruhe" gelassen zu werden.
Dass Sie denken „müssen", ohne dies eigentlich zu wollen.

In beiden Fällen werden Ihnen die folgenden Zeilen eine Hilfestellung bieten.

Bitte folgen Sie mir.
Begleiten Sie mich auf eine Reise.
Eine Reise, die das Ziel hat, Ihr Gehirn und Ihre Gedanken effizient, selbstbestimmt und produktiv zu verwenden.

Die folgende Begebenheit trug sich im März 2022 zu.
Der Grund, die Ursache, das Problem, das Drama ist austauschbar.
Ob eine Krankheit, ein Hausbau oder eine Wohnungsrenovierung, eine Trennung, ein Todesfall, ein pubertierendes Kind oder der Verlust der Arbeit, bei jeglichem Drama, welches das Leben für einen Menschen bereithält, ist das Reaktionsmuster, das dahintersteht, immer dasselbe.
Es ist wichtig zu verstehen, dass das Gehirn immer gleich reagiert.
Nicht das aktuelle Thema, das aktuelle Problem, das aktuelle Drama sorgt für Leid.

Die Art des Denkens über diese Begebenheit sorgt für den Schmerz.*

Hat man dies verstanden, WIRKLICH verstanden, fällt es leichter (es ist nie leicht, mit Dramen umzugehen, man kann es allerdings lernen), mit den Stürmen im Leben einfacher, effizienter und unbeschadeter umzugehen.
Um aus diesen fordernden Zeiten weiser, souveräner, stärker, reifer und entwickelter hervorzugehen.

*Vor vielen Jahren konnte ich dies persönlich miterleben:
Eine Familie, die ich behandelte – Mutter, Vater, eine 15-jährige Tochter – erlitt einen Autounfall. Das Kind wurde eingeklemmt und verstarb vor den Augen der Eltern, die ihr Kind nicht aus dem Wrack befreien konnten.
Mir war vollkommen unklar, wie man nach so einem Geschehen weiterleben kann.
Die Eltern jedoch – dachten nicht nach.
Sie begruben ihr Kind. Sie litten. Sie trauerten.
Und – sie beteten.
Als gläubige Menschen war es für sie klar, dass alles „einen Sinn" hat.
Und dass man diesen Sinn nicht verstehen muss.
Oft im Moment gar nicht verstehen kann.
Und dass das _sinnlose_ Nachdenken nichts an der Situation ändert.

Es war unglaublich zu sehen, wie dieses Elternpaar mit dem Verlust seiner Tochter umging, wie nachhaltig sie durch den Prozess des Trauerns gingen und wie verhältnismäßig schnell sie im Frieden mit der Situation ankamen.
Und dies aus einem Grund: weil sie nicht klagten, haderten, ablehnten und sich in Gedankenschleifen verloren.
Sondern das akzeptierten, was unveränderliche Realität war.

AUS. DEM. LEBEN

18. März 2022
12:25
„Ich trinke auf Dich. Auf unsere besonderen Momente. Auf die Zeit, die wir zusammen verbracht haben. Unsere Zeit als Mann und Frau ist nun abgelaufen. Möge Dein Weg in Fülle und Liebe weitergehen."

Eine WhatsApp Nachricht.
Einer 46-jährigen Frau.
Intelligent, erfolgreich, Mutter zweier Kinder, im Leben stehend.
Kein Gespräch.
Keine Erklärung.
Eine tiefe, innige, komplette, sich ergänzende dreijährige Liebesbeziehung endet mit diesen Worten.
Aus dem Nichts, ohne Vorzeichen.
Er wird noch einmal zu ihr persönlichen Kontakt haben.
Auch bei diesem Treffen wird er nichts Erhellendes erfahren.
Wird nichts hören, was ihr Tun erklärt, was ihm hilft zu verstehen.

Die Nachricht trifft Philip kalt.
Unvorbereitet.

Die Feigheit und Härte des Endes überrascht ihn mehr, als es ihn schmerzt.
Es ist Freitag.
Die Nachricht liest er erst nach dem Ende seines Arbeitstages.
Er ist zwar geübt, Gedanken und Emotionen nicht über ihn regieren zu lassen, aber sein Körper reagiert:
Übelkeit, Herzrasen, der Atem stockt.
Ansatzlos und schlagartig.
Ohne Gedanken, ohne Emotionen. Diese kommen später.
Das Gefühl der Ungerechtigkeit und der Ohnmacht überkommt ihn.
Und er weiß:
Das Schlimmste kommt erst.
Der Schock kommt erst.
Der wahre Schmerz kommt erst.
Wenn er sich des Ausmaßes der Situation bewusst geworden sein wird.
Dann wird er „arbeiten" müssen.
Wird Verantwortung für seinen Zustand übernehmen müssen.
Aktiv werden im Außen, tun und machen, das Leben strukturieren.
Schlafen, trainieren, essen, arbeiten, lernen, putzen, ruhen, wiederholen.
Das Innen möglichst friedvoll halten. Dank seiner erlernten Werkzeuge.

Aber auch den Schmerz und die Gefühle „abarbeiten", sich auf sie einlassen.
Sie zulassen.
Er wird weinen, hadern, toben.

Die automatischen Reaktionen seines Nervensystems ebben langsam ab, Fassungslosigkeit steigt auf: warum, wieso, warum jetzt, wofür, weshalb auf diese Art…?

Er. Versteht. Nicht.

Den Studierenden, die er unterrichtet, erklärt er regelmäßig, dass das Nicht-Verstehen ein großartiger Ort ist, um von dort aus zu lernen, zu erfahren, sich zu entwickeln.
Jetzt kann er seine eigenen Worte nicht nachvollziehen.

Van Haentjens erledigt seine Wochenendeinkäufe automatisch. Er fährt in sein Heim, erinnert sich noch daran, wie groß morgens die Freude war, ein freies Wochenende ohne Termine genießen zu können.
Nun verabschiedet er sich per Videobotschaft von den Eltern dieser Frau.
Auf Grund seines Zustandes ist ihm ein direktes Gespräch nicht möglich.
Sie werden auf seine ehrlichen Worte nie reagieren.

Das Wochenende gestaltet sich überraschend ruhig.
Dann beginnt es langsam.
Es beginnt mit Somatisierungen.
Sein Körper zeigt ihm, dass seine Psyche wie auch seine Seele leidet.
Leichter Schwindel, wechselnde Kopfschmerzen, Rückenschmerzen, die ohne Muster kommen und gehen, seine Verdauung verändert sich.
Ein Gefühl der Erschöpftheit, das sich mit Nervosität abwechselt.
Diese Symptome tauchen auf, bestehen für einige Stunden, manche für wenige Tage, dann verschwinden sie wieder.
Und andere Beschwerden tauchen auf.
Seit vielen Jahren beobachtet er bei seinen Patienten, die durch Lebenskrisen gehen, diese Abläufe.
Er weiß, dass es unsinnig ist, diesen Befindlichkeiten nachzugehen.
Sie sind lediglich das Zeichen im Außen für eine Verletzung im Innen.
Er versucht, den auftauchenden Symptomen nicht zu viel Beachtung zu schenken.
Seinen Patientinnen erklärt er diese Abläufe regelmäßig.
Nun hat er die Möglichkeit festzustellen, ob seine Worte der Wahrheit entsprechen.
Eine weitere Auffälligkeit stellt sich ein.
Philip benötigt ungewohnt lange, um Gedanken, die wie von alleine in ihm entstehen, fallen zu lassen.

Er ist außergewöhnlich gut trainiert darin, sein Gehirn zu verwenden.
Und sich nicht von seinem Gehirn benutzen zu lassen.
Und doch muss er etwas mehr Energie als gewöhnlich aufwenden.
Und ihm ist bewusst, er muss auf den verschiedensten Ebenen seines Lebens aktiv sein.
Bewusst sein.
Er besitzt seit vielen Jahren keinen Fernseher mehr.
Zu viel seiner Lebenszeit hat er an dieses Medium bereits verschwendet.
Er nutzt keine Streamingdienste und keine sozialen Medien.
Van Haentjens ist sehr bedacht, wie, auf welche Art und mit wem er seine Lebenszeit verbringt.
Denn ihm ist klar, dass sein Dasein auf dieser Welt zu Ende gehen wird.
Dieses Leben wird ein Ende haben.
Als ihm diese Gewissheit Jahre zuvor WIRKLICH klar wurde, veränderte er die Wichtigkeiten innerhalb seines Lebens.
Seither verschwendet er keine Zeit mehr an sinnloses Tun.
Er achtet in jedem Lebensbereich darauf, was ihm Energie bringt – und was ihm Energie kostet.
Streamingdienste und soziale Medien fühlen sich im Gegensatz zu dem, was das Leben „in natura" zu bieten hat, flach, ermüdend, schal und uninteressant an.

Das bedeutet nicht, dass er nicht ein Videospiel oder einen Kinobesuch genießen kann.
Wichtiger aber:
Er möchte das Leben SPÜREN.
Und er spürt es.
Auch diesmal.
Intensiv.
Die „Frequenz" von Schmerz ist eine andere als die von Freude.
Und dennoch fühlt er das Leben.
Jetzt jedoch auf eine andere Art.

Er kümmert sich gewissenhaft um seinen inneren und äußeren Zustand.
Er geht zu Bett, schläft (Gott sei es gedankt) tief und erholsam, erwacht um 4:00 Uhr und beginnt sein Training im Fitnesscenter um 5:00 Uhr.
Er weiß, wie wichtig diese körperliche Betätigung drei Mal pro Woche in der aktuellen Situation ist.
Die Energie des Studios, die langjährigen Trainingskollegen, die Anstrengung und Überwindung, schwerste Gewichte zu bewegen, sind Balsam für seine Psyche.
Die schwere körperliche Aktivität verbrennt die von seinem Körper ausgeschütteten Stresshormone.
Und davon sind zurzeit Unmengen vorhanden.
Er fühlt sich nach dem Training frisch, stark und psychisch entspannt.

Er säubert und pflegt sich ausgiebig, nimmt ein nahrhaftes Frühstück von vier Eiern, Schafkäse, Schinken, Maiswaffeln, Gemüse und Wasser zu sich und beginnt seinen Arbeitstag mit einer „Kaffeemeditation".
Trotz der intensiven morgendlichen Belastung findet er noch leichter und tiefer zu dem Ort, an dem es immer friedlich und still ist.
In den aktuellen Moment.
In das Jetzt.
Dort, wo er sich um Probleme kümmert, wenn er sich JETZT darum kümmern KANN.
Oder aber das Denken an die aktuelle Herausforderung fallen lässt, wenn er JETZT nichts tun kann, um die Situation zu verändern.

Er sitzt bequem, die Sitzgelegenheit trägt ihn, er genießt das körperliche Loslassen-Können.
Der erste Schluck – eigentlich ein Nippen – am Espresso, er ist beinahe zu heiß.
Philip lässt das Getränk kurz durch seinen Mund fließen.
Er fühlt die Konsistenz.
Die Wärme.
Bedächtig schluckt er die kleine Menge.
Eine sich ausdehnende Welle der Geschmacksvielfalt fesselt seine gesamte Aufmerksamkeit.
Er fühlt voll und ganz zu den unterschiedlichen Aspekten hin.

Er denkt nicht.
Er vergleicht nicht.
Er interpretiert nicht.

Er genießt.

Wenig später nimmt er wahr, dass seine Schulter- und Nackenpartie entspannter ist als zuvor.
Dass seine Körperhaltung noch natürlicher wurde.
Van Haentjens genießt die stille Gedankenlosigkeit in ihm unendlich.
Ein tiefer Frieden, eine Zufriedenheit, ein zartes Gefühl von Freude wird fühlbar.
Ein leichtes Lächeln umspielt sein Gesicht – er kann nicht anders.
Dann.

Das Bild kommt aus dem Nichts.

Sein Blick streift eine Kundin, die sich für einen faltbaren Becher interessiert – das Bild, wie seine Partnerin seinerzeit dieses Produkt betrachtete, kommt ohne Vorwarnung und reißt ihn aus seinem Frieden.
Philips Herz rast, Tränen steigen auf; als wäre ein Damm gebrochen, strömt eine ungeordnete Flut von Gedanken durch sein Gehirn.

Tiefe Trauer und Hilflosigkeit folgen kurz darauf.

Er weiß, mit einem weiteren Schluck Kaffee ist dieser Situation nicht mehr beizukommen.
Und er weiß, er wird in diesem Aufruhr in seinem Kopf nicht „sitzen" bleiben.
Er arbeitet daran, so schnell wie möglich wieder in inneren Frieden zu kommen.

Er <u>denkt</u> an das morgendliche Training. Die Bilder sind noch frisch.
Er hört das Hämmern der Musik, fühlt die Griffe der Gewichte, erinnert sich an das effiziente Arbeiten seiner Muskeln.
Der Mann ruft sich die kleinsten Details in Erinnerung.
Der ursprüngliche, quälende Gedankenstrom wandert in den Hintergrund, wird weniger pressend.
Jetzt erst <u>fühlt</u> er zu seinem Gesäß hin, zu seinem Rücken, zu seinen Fußsohlen.
Er spürt, wie sein Gewicht mit Hilfe dieser Körperteile auf die Unterlage verlagert wird.
Ein Teil seines Bewusstseins bleibt bei dieser Wahrnehmung, ein anderer Teil wandert zur hörbaren Musik.
Ein Jazzsender.
Die Musik ist durch das Stimmengewirr im Café kaum zu hören.

Van Haentjens ignoriert die Stimmen, das Klappern des Geschirrs, die Geräusche der Kaffeemaschine.
Er würde sagen, sein Gehör bewegt sich der Musik entgegen.
In seinem Kopf ist es nun still, lediglich die körperlichen Auswirkungen der Emotionswelle spürt er noch.
Kurz denkt er noch einmal an die Trainingskulisse, fühlt zu seinem Körper hin, nimmt die Musik wahr, dann erst trinkt er einen weiteren Schluck Kaffee.

Nach dem Abklingen des Nachgeschmacks ist er wieder in tiefer innerer Stille und erholsamem Frieden angekommen.
Der Tumult in seinem Kopf ist verschwunden.
Vorerst.

Die Arbeitstage sind heilsam.
Lange schon ist er VOLL und GANZ bei seinem Tun.
Wenn er behandelt, denkt er nicht.
Der Mann spürt und fühlt. Ist ganz im Moment.
Er denkt vor den Behandlungen, nach den Behandlungen, währenddessen aber herrscht Stille in seinem Kopf.

Die Abende verbringt er lernend, schreibend, Freunde treffend oder an seinem neu gegründeten Unternehmen arbeitend.
Diese Tätigkeiten sind keine „Ablenkung".
Ablenkung würde bedeuten, das Denken mit anderer Aktivität zu füttern.

Seine abendlichen Tätigkeiten sind wiederum ein Eintauchen in das Jetzt, in das TUN.
Er ist voll und ganz bei der Sache.
Ohne Nebengedanken, ohne sich von der gewählten Tätigkeit durch Gedanken wegziehen zu lassen.

Philip geht zu Bett, ist auf gesunde Art müde von einem vollen Tag, Gedanken steigen kaum auf, manchmal drückt er seinen Schmerz aus und weint, mitunter führt er sein Gehirn in die Ruhe, indem er fühlt, wie sein Körper auf dem Bett liegt.
Wie das Gewicht seines Körpers von der Matratze übernommen wird.
Wie er getragen wird.
Er genießt das Gefühl, leicht und langsam einzusinken.
Währenddessen sinkt auch er in den Schlaf.
Der Wecker läutet um 5:00 Uhr, er steht auf und setzt sich in seinem gut belüfteten Keller auf sein Zimmerfahrrad.
Dank einer Rückenlehne sitzt er komfortabel, eine Mischung aus Dösen und Meditation lässt die Stunde, die er auf dem Gerät verbringt, im Flug vergehen.
Gegen Ende der Stunde schleichen sich die ersten Gedanken ein.
„Warum? Wie kann sie so etwas tun? Wie kann sie es auf diese Art tun?"
In der Welt zwischen Schlaf und Wachheit ist es nicht leicht, der Gedanken Herr zu werden.

Doch er weiß:
DIESE Gedanken führen zu nichts.
Er beobachtet, wie diese Gedanken als Nebel, als „Vorgedanke" entstehen.
Wenn er beginnt, zu diesem Nebelgedanken „hinzusehen", sich für ihn zu interessieren, „fällt" er in den Gedanken.
Dann ist die Gefahr groß, in sinnlosen Gedankenschleifen gefangen zu werden.
Wenn er aber hingesehen hat, hingegangen und in das Denken gefallen ist, nimmt der Mann den Gedanken und führt ihn vor seinem inneren Auge ein Stück von sich weg.
Im Geiste lässt er das Gedankenpaket – oder den vorgestellten Sack, in den er den Gedanken gab – zu Boden fallen.
Nach wenigen Minuten bauen sich die nächsten Denkschleifen auf.
Philip wird sie ebenso effizient fallen lassen.
Im besten Fall ignoriert er den Gedankennebel und sieht nicht zu diesem „Vorgedanken" hin. Um ihn erst gar nicht manifest werden zu lassen.

Zehn Tage nach ihrer Nachricht wird ihm die Tragweite der Situation bewusst.
Er wollte diese Frau in einigen Monaten um ihre Hand bitten.
Er hatte sich auf ein gemeinsames Leben eingestellt.
Er hatte das Gefühl, bei dieser Frau endlich angekommen zu sein.

Die Gedanken prasseln immer stärker auf ihn ein, viele sorgen dafür, dass Emotionen ausgelöst werden.
Starke Emotionen.
Die wiederum für weitere Gedanken sorgen.
Es wird aufwendiger, bewusst zu bleiben.
Während seiner Trainings, während seiner Arbeit fällt es ihm einigermaßen leicht, bei sich zu bleiben.
In der Freizeit, bei Alltagstätigkeiten wird es zusehends schwieriger, nicht in destruktive Denk- und Emotionsmuster zu fallen.
Sein Ego schaltet sich regelmäßig ein:

„Was soll das Theater, stell dich nicht so an. Es ist eine Trennung, mehr nicht. War nicht deine erste und wird nicht die letzte sein. Du möchtest doch ohnehin nicht mit einer Frau zusammen sein, die dermaßen feig, schwach und hilflos ist, dass sie auf diese Art ‚Schluss' macht.
Immerhin trennen sich erwachsene Menschen. Sie sprechen, tauschen sich aus, stellen ihre Standpunkte dar und trennen sich. ‚Schluss machen' 16-jährige."
Ebenso werden ihm Sätze, die Wehleidigkeit und Selbstmitleid ausdrücken, von seinem Ego zugeflüstert.
Die innere Stimme sorgt dafür, dass weitere Gedanken entstehen, Selbstgespräche stattfinden, durch diese Vorstellungen tauchen weitere Emotionen auf.

Er ist überrascht („ich dachte, das spürt man nur mit Anfang 20 so intensiv") und schockiert, WIE sehr der Schmerz der Trennung ihn beeinflusst. Trotz seiner Lebenserfahrung, trotz seiner Werkzeuge, trotz seiner inneren Entwicklung, trotz seiner Lebenseinstellung ist der Liebeskummer brutal.
Hart, schneidend und unsagbar schmerzhaft.
Van Haentjens räumt sein Haus von den Besitztümern dieser Frau.
Er wird sie ihr per Post in die Stadt in der sie lebt, schicken.
Dann – unsagbarer Schmerz begleitet dieses Tun – räuchert er sein Haus.
Er neutralisiert ihre Energie, verabschiedet das was von ihr übrig ist aus seinem Heim.

Häufig ist er gezwungen, mehrere seiner erlernten Werkzeuge gleichzeitig anzuwenden.
Er denkt an etwas anderes, zu Beginn dummerweise an ihre gemeinsame Vergangenheit. Ein dramatischer Fehler, welcher ihn noch tiefer in Schmerz und unbewusstes Denken führt.
Effizienter funktionieren Szenen, Landschaften oder Begebenheiten, die ihm auf seinem Lebensweg widerfahren sind.
Dieses Denken sorgt dafür, dass er nicht mehr sinnlos im Kreis denkt.
Dieses Denken sorgt dafür, dass er innerlich etwas ruhiger wird, da ER und nicht „es in ihm" denkt.

Dieses Denken sorgt dafür, dass er es schafft, sein Bewusstsein zu nutzen.
Seine Sinne zu verwenden, um das Denken generell abzustellen.

Zu hören, ob er den Wasserfall (im Supermarkt in Wien) hören kann.
Zu fühlen, wie er vom Sitz seines Autos getragen wird, während er an der roten Ampel steht.
Zu schmecken, ob er von der letzten Mahlzeit noch etwas wahrnehmen kann.
Zu sehen, wie knorrig die Rinde eines Baumes aussieht.
Zu riechen, ob er auf der Straße den Unterschied zwischen Benzin und Dieselabgasen erkennen kann.
Er nimmt jedes Werkzeug zur Hand.
Benutzt alles, was er gelernt hat.
Und langsam, Stück für Stück, kommt er in den Frieden, in die Stille in seinem Kopf, in das Gefühl des „es ist gut" zurück.
Und tatsächlich.
Es ist gut.
Wenn er nicht mehr an sie, an den Schock, an das Warum, an die Zukunft, an die Vergangenheit, an die Ungerechtigkeit denkt, ist es gut.
Er versteht, **wenn er nicht denkt**, ist es still und friedlich in ihm.

Für eine gewisse Zeit.

Er sucht therapeutische Hilfe.
(Sein Ego lacht ihn aus: „DESHALB machst du so ein Theater?! Wegen einer Frau, die weg ist?! Jämmerlich, wie du dich anstellst." Aber auch: „Was machst du nun?! Sie war die Erfüllung deiner Träume, sie war die Wahre, die Eine und die Einzige.")
Einerseits, um zu verstehen, wieso ein Mensch handelt, wie sie es tat.
Er möchte lernen, was in einem Menschen vorgeht, der so handelt.
Andererseits, um nichts zu übersehen.
Philip weiß, dass ihn diese Phase in seinem Leben stärker, reifer, souveräner, spiritueller, erfahrener und insgesamt besser machen wird.
WENN er den Schmerz nicht durch Passivität verschwendet, sondern durch ihn hindurchgeht, ihn nutzt.
Ihn nutzt um zu lernen, sich zu entwickeln, sich besser kennenzulernen.
Wenn er die Energie, die sich durch den Schmerz aufbaut, verwendet.
Nicht depressiv und apathisch herumliegt, sondern weitergeht.
Macht. Gestaltet. Erschafft.

Van Haentjens ist bewusst, dass gleichzeitig mit dem klaren und disziplinierten Umgang in seinem Inneren ein klarer und disziplinierter Umgang im Außen stattfinden sollte.
Er trainiert, er arbeitet, er putzt, er repariert, er kocht, er lernt, er übt, er schreibt, er unterrichtet, er ruht, er tobt sich aus, er genießt.
Und all dies macht er nicht, um sich abzulenken.
Dieser Mann weiß, dass Ablenkung den Schmerz nur verlängern würde.
Der Schmerz würde nicht „abgearbeitet" werden, sondern im Untergrund weiter vor sich hingären.
Und ein unterschwelliger, unterbewusster Begleiter werden, der seine Lebensqualität verschlechtert.
Er hat jedoch nicht vor, sich durch Altlasten einschränken zu lassen.
Er möchte keine offenen Baustellen in seinem Leben haben.
Und keine ungelösten Themen mittragen, die zu Lebensballast werden.
Und er versteht.
Wieso Menschen, denen das Leben ein Drama beschert, zu Alkohol oder Psychopharmaka greifen und Ablenkung von ihrem Problem suchen.
Und er versteht auch:
Für ihn ist dies keine Option.

Den Schmerz nicht mehr zu spüren würde für ihn bedeuten, nicht mehr zu fühlen, welchen Schritt er als nächstes setzen muss, um die Zeit des Dramas hinter sich zu bringen.
Er **muss** durch diese Phase seines Lebens <u>bewusst</u> gehen.
Und er nimmt an, dass ihn die Mischung von Aktivität und dem Beachten und Gestalten seines inneren Zustandes schneller und effizienter aus dem Drama führen wird.
Er hat nicht vor, diese Phase – wenn er auch nicht weiß, wie lange sie dauern wird – auszusitzen.
Er hat nicht vor, lediglich Passagier in dieser schwierigen Zeit zu sein.
Er hat vor, Verantwortung für diesen Prozess zu übernehmen.
Er hat vor, Verantwortung für sein (Wohl-)Befinden zu übernehmen.
Er hat vor, diese Lebensphase zu nutzen, um besser, weiser, stärker, bewusster und reifer zu werden.
Also handelt er.
Seine Tage sind klar strukturiert, Philip weiß, dass sein innerer Zustand damit leichter beherrschbar ist, als wenn er ohne Plan durch den Tag bummeln würde.
Und er beherrscht sich nicht.
Immer wieder gibt er seinen Empfindungen Raum.
Weint. Klagt. Tobt. Brüllt.
Wenn er alleine ist.
Doch auch diese Ausbrüche haben einen Anfang und ein Ende.

Er taucht tief in seine Schmerzen ein – äußert sie und lebt sie aus –, baut dadurch negative Energie ab und verlässt die Welt des Klagens wieder.
Danach fühlt er sich leicht, befreit und gekräftigt.
Müde manchmal.

Mehrere Male wacht er des Morgens auf und kann nicht mehr.
Philip ist so müde, so erschöpft, so abgrundtief traurig.
Er möchte zurückkehren in den Schlaf, dorthin, wo er nichts denkt, nichts weiß und nichts fühlt.
Er kann heute nicht aufstehen. Wieder trainieren, arbeiten, weitergehen.
Und doch
steht er jeden Tag auf das Neue auf.
Bewegt sich. Ernährt sich gesund. Arbeitet effizient. Freut sich an kleinen Dingen.
Denn er ist sich bewusst:
Im Bett liegen zu bleiben wird seinen Zustand verschlechtern.
Im Bett liegen zu bleiben wird seiner Heilung nicht helfen.
Im Bett liegen zu bleiben wird seine Schmerzen nicht weniger machen.
Im Bett liegen zu bleiben wird das Leiden verlängern.
Also steht er auf. Wie überwindet er sich dazu?

Er macht es einfach.

Er denkt nicht nach, er diskutiert nicht mit sich, er macht.
Und jedes Mal, JEDES EINZELNE MAL, geht es ihm besser, nachdem er aufgestanden ist, losgegangen ist, in die Aktivität gekommen ist.

Er versteht, dass Menschen in dieser Situation zu Medikamenten greifen.
Psychopharmaka, Beruhigungs- und Schlafmittel.
Um diese Empfindungen nicht zu spüren.
Sich ihnen nicht hinzugeben.
Er hingegen hält dieses Sich-Äußern für gesund.
Für richtig.
Und.
Dieser Mann hat mit 16 Jahren das letzte Mal ein Medikament konsumiert.
Seither vertraut er auf seinen Körper, auf seine Gesundheit, auf die Natur.
Er kam mit perfekter Gesundheit auf diese Welt.
Er ist überzeugt davon, dass Medikamente ihm nicht dabei helfen, gesünder zu werden.
Hat er doch alles in sich, um gesund zu werden, zu sein und zu bleiben.
Wie hätte die Menschheit sonst schon so lange bestehen können?

Van Haentjens redet wenig über dieses Trauma.

Natürlich tauscht er sich mit Freunden und Familie aus, hält sie auf dem Laufenden.
Er unterlässt es aber, ständig Energie in die Erzählung seiner Geschichte zu schicken.
Durch das Erzählen, durch das wiederholte Eintauchen würde er das Thema aufbauschen, größer und stabiler machen.
Was er aber erreichen möchte, ist Frieden.
Inneren Frieden.
Innere Freiheit von diesem Geschehen.
Durch die Beschäftigung mit dem Drama wird er keinen Frieden finden.
Und:
Er kann nichts „machen".
Er kann diese Situation nicht ändern, rückgängig machen oder tun, als gäbe es sie nicht.
WAS er machen kann:
Er kann sein Inneres bezüglich dieser Situation kontrollieren.
Einmal mehr wird ihm klar, WIE WENIG ein Mensch in seinem Leben überhaupt kontrollieren kann.
Wie unendlich viel Energie es kostet, Kontrolle ausüben zu wollen.
Das heißt nicht, dass man passiv durch das Leben schwimmt.
Aber dass man erkennt, wo Kontrolle möglich ist und wo nicht.
Jedoch versteht er:
Seinen inneren Zustand hat jeder Mensch selbst in der Hand.

Jeder Mensch ist selbst dafür verantwortlich, wie es ihm – ungeachtet der Lebensumstände – geht.
(Ein gutes Beispiel stellten die Corona-Jahre 2020 – 2022 dar. Manche Menschen versanken auf Grund der Situation in Angst, Panik, Trübsinn, Hoffnungslosigkeit und Aggression. Für andere hingegen war diese Zeit lediglich eine Lästigkeit – ohne dass sie die potentielle Ernsthaftigkeit dieser Erkrankung ignoriert hätten.)

Die Wochen gehen ins Land.
Eine weitere Herausforderung beginnt.
Flashbacks.
Aus dem Nichts tauchen Bilder, Szenen oder Erinnerungen an seine Beziehung mit dieser Frau in seinem Gehirn auf.
Diese sind nicht kontrollierbar.
Sie sind.
Sie geben ihm die Möglichkeit zu lernen, nicht zu diesen Bildern in seinem Kopf hinzusehen, sich nicht auf diese Erscheinungen zu konzentrieren.
Van Haentjens versteht, dass man sich nicht mit seinen Gedanken beschäftigen MUSS.
Jeder Mensch hat die Wahl dies zu tun – oder nicht.
Er spricht mit einer Spezialistin für Liebeskummer.
Sie wird Philip erklären, dass in einer dermaßen intensiven Beziehung Bahnen im Gehirn entstehen.
Synapsen gebildet werden.

Die nun beginnen, sich zu verändern.
Das Wissen um diese Abläufe machen die unkontrollierbaren Bilder in seinem Kopf leichter erträglich.
Mit der Zeit ebben sie ab.

Van Haentjens ist ein Lebemensch.
Er genießt.
Er isst, er trinkt, er raucht, er liebt, er pflegt sich ausgiebig.
Die Zeiten des Genusses sind auf die Wochenenden beschränkt.
Freitagmittags bis Sonntagabends.
Länger hat er sich von Genussmitteln ferngehalten.
Er weiß, Alkohol und Nikotin sorgen für innere Ruhe.
Entspannung.
Wohlbefinden.
Aber:
Diese Substanzen sorgen dafür, dass er UNTER das Bewusstsein rutscht.
Wenn er bei sich ist, in innerer Stille und gedankenlosem Frieden, erhebt er sich ÜBER das Alltagsbewusstsein.
„Rauschmittel" sorgen dafür, dass er nicht denkt, dass er keine Emotionen entwickelt.
Sein Gehirn wird abgeschaltet.
Dies bringt ihn in die Nähe von Gemüse.
Ihm ist bewusst, dass dieser Zustand – so angenehm er sein mag – nichts mit dem Bewältigen der Situation zu tun hat.
Er spürt sie lediglich nicht mehr.

Dieser Weg ist eine Ausflucht, eine Lüge.
Die dafür sorgt, dass er seinen Weg durch dieses finstere Tal nicht selbstbestimmt gehen kann.
Dieser Mann hat jedoch vor, selbstständig und eigenverantwortlich in innerem Frieden, in innerer Freiheit und der Bewältigung des aktuellen Problems anzukommen.
Denn so wenig er auch die Umstände seines Lebens kontrollieren kann, so sehr ist er verantwortlich, die Zustände IN ihm zu kontrollieren.
Nur ER kann dafür zuständig sein, wie er sich fühlt.
Wie seine innere Lebensrealität aussieht.
Wie sich das Leben für ihn anfühlt.
Und das unabhängig von äußeren Umständen.

Eines Tages, in einer Alltagssituation – es kommt aus dem Nichts – steigt ein leises Lachen aus ihm hervor. Grundlos. Kaum hörbar. Aus der Tiefe.
Philip fühlt, dass dieses Lachen Ausdruck der reinsten Lebensfreude ist.
Er ist überrascht. Dann versteht er.
Er ist angekommen.
Durch das regelmäßige Eintauchen in tiefstes Bewusstsein hat er den Kontakt zum Sein hergestellt. Abseits von Gedanken und Emotionen.

Und er begreift:
Im reinen gedankenlosen Sein wartet das Glück. Das Glücklich-Sein.
Das ihn unweigerlich zum Lachen bringt.
Unabhängig von der Situation.
Unabhängig von den Umständen.
Unabhängig von den Problemen.
Die Flashbacks verschwinden.
Das regelmäßige Denken an diese Frau verschwindet.
Die Erinnerung an ihre Beziehung wandert immer wieder durch sein Gehirn.
Doch nicht mehr begleitet von Schmerz und Wehmut.
Nicht mehr begleitet von quälenden Fragen „wieso, warum, weshalb?!".
Nicht mehr begleitet von sinnlosem Denken und „Was-wäre-wenn"-Gesprächen.
Und langsam beginnt sich das Gefühl von Dankbarkeit zu entwickeln.
Dankbarkeit dem Leben gegenüber.
Das ihm durch diese Episode geholfen hat, zu lernen und sich zu entwickeln.
Und dies scheint einer der Gründe zu sein, wofür wir auf diese Welt kamen.
Um zu lernen, uns zu entwickeln, und um unser Potential bestmöglich auszuschöpfen.
Und er versteht:

Wie jedes Drama war auch dieses nur eine Episode.
Es war „nur" eine Begebenheit auf seinem Lebensweg. Und nicht „das Leben".
Denn das Leben ist viel reicher, voller, bunter und vielfältiger als ein vorübergehendes Problem.

Und welches Problem ist nicht vorübergehend?

WARUM

Ich weiß es nicht mehr.
Ich kann mich nicht erinnern.
Bevor es diese Kaffeebar gab, wie stimmte ich mich auf den Tag ein?

Ich sitze aufgerichtet.
Mit überschlagenem Bein.
Mein rechter Knöchel ruht auf meinem linken Knie.
Den ersten Schluck des Espresso behielt ich andächtig im Mund.
Bewegte die geringe Menge nur zart hin und her.
Schluckte bedächtig.
Nun fühle ich.
Ich fühle die Wärme des Getränkes in meinem Mund.
Schmecke die verschiedenen Facetten des Kaffees.
Ich nehme mir Zeit dafür.
Ich bin unangestrengt konzentriert.
Ich interpretiere nicht.
Ich vergleiche nicht.

Ich genieße.

Ich vergleiche die unterschiedlichen Sorten und Geschmäcker nicht.

Wozu sollte ich auch?
Jeder einzelne Kaffee an jedem einzelnen Tag ist der beste.
Und er hilft mir.
Er hilft mir, durch die 100%ige Wahrnehmung des Geschmackes im Jetzt anzukommen.
Dort, wo meine Gedanken still werden.
Dort, wo ich selbst Herr über mein Gehirn bin.
Dort, wo es „gut" ist.
Jeder Schluck – es werden voraussichtlich vier sein – bringt mich tiefer ins Jetzt, in mich, in inneren Frieden und lebendigste innere Stille.
Wahrscheinlich,
es sähe mir ähnlich,
überschlage ich meine Beine je zwei Mal – vier Schluck – vier Positionen.
Ich habe über die Jahre viele Werkzeuge erlernt, um im Jetzt anzukommen, diesen inneren Frieden herbeizuführen, in jene nährende, heimelige, wache und lebendige Stille in mir einzutauchen.
Doch dieser Kaffee bringt mich verlässlich, schnell, genussvoll und nachhaltig zu meinem Ziel.

Ich erinnere mich nicht, mit welchem Ritual ich vor der Eröffnung dieses kleinen Kaffeelokales meinen Arbeitstag begann.
Ich mochte es noch nie, nach der Anfahrt die Lichter in meiner

Ordination einzuschalten, den Computer hochzufahren und mit der ersten Behandlung zu beginnen.
Oder irre ich mich?
Fiel die Eröffnung des Cafés in jene Zeit, in der ich begann, rund 80% meines Tages energetisch zu arbeiten?
Ich benötige einen Übergang, eine Zone, ein Feld, um vom Alltagsbewusstsein und der Alltagsaktivität in den „Betriebsmodus" zu kommen.

Nach dem letzten Schluck bleibe ich nicht mehr lange sitzen.
Ich gönnte mir den Luxus, 15 bis 20 Minuten einen wunderbaren Kaffee zu genießen und in beste Voraussetzung für einen vollen Arbeitstag zu kommen.
Ich stehe auf und gehe los.

Meine Schritte fühlen sich ungewohnt leicht an.
Und schwer.
Meine innere Leichtigkeit tanzt mit außergewöhnlicher Erdung.
Ich fühle mich stark, wach, entspannt und leicht.
Wie würde wohl das Leben aussehen, könnte man diesen Zustand erhalten?
Wie natürlich, selbstverständlich, mühelos und frisch würde sich das Leben ständig anfühlen.
Doch ein forderndes Gespräch, kurze sinnlose Aktivität mit elektronischen Geräten, der Beginn unbewussten Denkens – und

diese Mischung aus Leichtigkeit und Erdung wird dünner, flacher, weniger lebendig.
Ich gehe die drei Minuten zu meiner Ordination besonders bedacht.
Lege Wert darauf, meine Schritte wahrzunehmen.
Lasse mich nicht durch den Anblick von Menschen, Autos oder Gebäuden zu Gedanken verleiten.
Ich bewerte nichts.
Ich denke nichts.
Ich bin.

In meiner Ordination gibt es keine Ablenkungen.
Seit 2001 kenne ich diese Räume.
Sie fühlen sich seit langem wie eine dritte Haut an.
Dennoch werde ich aus diesem Zustand gebracht werden.
Durch Gespräche.
Durch das schiere Pensum des Tages.
Nicht ganz.
Aber ausreichend, dass ich vor einigen Behandlungen wieder tiefer im Jetzt ankommen muss.
Die Zeiten, in denen ich aus dem Wollen und dem Müssen arbeitete, sind lange vorbei.
Ich „will" nichts und ich „muss" nichts.
(Ich will nicht die beste Arbeit liefern und ich muss nicht auf meine Arbeitsqualität achten – diese Haltungen sind einer selbstverständlichen Souveränität und natürlichen Leistungsfähigkeit

gewichen. Vergleichbar mit einem Kind, das sich in einem Spiel verliert. Es spielt, ohne zu wollen und zu müssen, die gedankenlose Beschäftigung mit dem Spiel ist der Sinn, der Zweck und das Ziel.)
Eine Behandlung.
Nach der anderen.
In größtmöglicher Leichtigkeit.
Kein Denken.
Wenn ich den Tag ebenso wach und frisch beende, wie ich ihn beginne, habe ich nicht zu viele Fehler gemacht.
Bin ich abends jedoch müde, erschöpft und habe genug, bin ich zu weit aus dem Jetzt gefallen.
Es passiert.
Und lässt mich lernen.

Warum dieses ständige Lernen?
Warum dieses Durchorganisieren?
Warum das Leben der Arbeitsqualität unterwerfen?
Es ist Getriebenheit.
Seit mehr als 30 Jahren.
Zu dieser Zeit sah ich Bernard Ligner, Direktor der „Wiener Schule für Osteopathie", erstmals behandeln.
Eine neue Welt eröffnete sich mir.
Noch nie sah ich eine solche Effizienz, Eleganz, Professionalität, Herzlichkeit und spielerische Qualität in einer Behandlung.

Und:
Bernard behandelte mich.
Vier Mal in den sechs Jahren meiner Osteopathieausbildung.
Jedes Mal war ich beschwerdefrei nach <u>einer</u> Behandlung.
Wenn er es kann, kann ich das auch lernen.
Die Frage „wofür" stellte sich mir nie.
Ich kenne körperliche Schmerzen und Leid zur Genüge.
Davon schnell, vollständig und nachhaltig befreit zu werden
– welch Geschenk.
Dieses Geschenk wollte auch ich anderen machen.
Vielen Menschen machen.
Sehr vielen Menschen.
Also lernte ich.
Und arbeitete.
Lernte mehr.
Und arbeitete noch mehr.
Mit der Zeit erkannte ich, dass sich meine Lebensrhythmen ändern müssen, wollte ich ein noch besseres Werkzeug werden.
Ich änderte meine Schlafrhythmen, mein Training, meine Ernährung, meinen sozialen Umgang, meine Freizeitgestaltung.
Und ich lernte.
Und arbeitete.
Und wurde besser.
Wurde effizienter.
Und fühlte mich (innerlich) immer besser.
Mein Weg wurde bestätigt.

Als ich 2002 die neunjährige Ausbildung in biodynamischer Cranial-Osteopathie (dem energetischen Teil innerhalb der Osteopathie) begann, schwang eine weitere Türe auf.
Und weitere Lebensumstellungen.
Über die Jahre der Ausbildung stellte sich heraus, dass sich bestimmte Lebensumstände und -vorstellungen nicht mit dieser Arbeit vereinbaren lassen.
Ich konnte nicht mehr nicht lieben.
Ich konnte nicht mehr lügen und vortäuschen.
Ich konnte nicht mehr aus meinem Wollen arbeiten.
Ich konnte nicht mehr der Beste sein wollen.
Ich konnte nicht mehr alles wissen (und wollte es auch nicht mehr).
Und ich musste mehr auf mich aufpassen.
Jedes Übertreiben in meinem Leben – egal in welchem Bereich – sorgte dafür, dass ich weniger sah, weniger fühlte, weniger mit dem Sein verbunden war.
Und dass meine Arbeit weniger effizient wurde.
Ein Kampf begann.
Das Fühlen, dass dieser Weg der richtige für mich ist, stand im Gegensatz zu meinem überbordenden Ego, welches an meinem alten Leben festhalten wollte.
Unfälle, Krankheiten und Dramen waren die Folge dieser Zerrissenheit.
Doch der Zug des Neuen war in Bewegung.
Und ich wollte ihn nicht mehr verlassen.

DAS JETZT. DIE STÖRUNG. DAS ANKOMMEN

Das Jetzt.
Dieses Wort.
Abgedroschen und inflationär verwendet.
Und doch – das einzige, das wir je haben werden.
Die Vergangenheit?
Lediglich Erinnerungen im Kopf. In Wahrheit inexistent.
Die Zukunft?
Lediglich Gedanken und Vorstellungen. Ebenso inexistent.
Das Jetzt, dieser Moment ist das einzige Leben, das wir je haben werden, alles andere sind lediglich Gedanken an das, was war, was sein könnte, was nicht sein sollte, was ich will, was ich nicht will.
Und in diesem jetzigen Moment ist es „gut".
Es ist gut, da ich in diesem Moment leben, machen und sein kann.
Nur im Jetzt kann ich all das wahrnehmen, was das Leben ausmacht.
Der Rest,
außerhalb des Jetzt,
ist lediglich Gehirnaktivität, Gedanken, Emotionen.
Habe ich **jetzt** ein Problem, eine Herausforderung, ein Drama?
Damit kann ich umgehen.
Ich kann mich entscheiden, etwas zu tun – oder eben nicht.

Sorgen und Ängste, die durch meine Gedanken entstehen, mit diesen kann ich nicht umgehen.
Ich kann nichts <u>machen</u>, da es sich lediglich um Vorstellungen handelt.
Das sorgt für Hilflosigkeit, Stress und dem Aufbau von unerfreulichen Emotionen.
Dabei weiß ich, dass ich im Fall eines Problems IMMER nur drei Möglichkeiten habe:

Ich kann das Problem lösen.
Ich kann vom Problem weggehen.
Ich kann das Problem annehmen.

Es gibt keine anderen Möglichkeiten.
Ich kann noch so viel denken, mich ärgern, verzweifeln, mich sorgen und mir etwas wünschen – diese drei Reaktionen sind die einzigen, die ich jemals haben werde.
Wenn ich mich in Anbetracht des Problems nun auch nicht ärgere, kränke, wütend werde oder anderen Menschen Vorwürfe mache, habe ich einen Riesenschritt in Richtung innere Freiheit und inneren Frieden gemacht.
Und wer wünscht sich dies nicht?
In Ruhe und Frieden zu leben.
Auch wenn es im Außen nicht ruhig und friedlich ist.
Es lohnt sich also, im Jetzt anzukommen.

Wieso allerdings leben dermaßen wenige Menschen in dieser einzigen Realität?

Wieso allerdings bringen sich so viele Menschen durch ständiges Denken und innere Dialoge um das Einzige, wo das Leben WIRKLICH stattfindet – das Jetzt?

Warum sehe ich tagtäglich auf den Straßen dermaßen viele harte, unentspannte und freudlose Gesichter?

Gesichter, denen ich ansehen kann, dass hinter ihren Stirnen ständig „Geschichten" erzählt werden.

Ständige (negative) Selbstgespräche stattfinden.

Jahrzehntelanges Beobachten und Lernen hat mich zu der Überzeugung gebracht, dass unsere Egos verantwortlich sind.

Dieser Anteil von uns, dieses „Wesen" in uns, das uns glauben machen will, dass wir das sind.

Das Ego ist das Ergebnis von Erziehung, kulturellem Hintergrund und eigenen Vorstellungen, wie man sein möchte oder sein sollte, wie die Welt sein sollte oder nicht sein sollte.

Das Problem:

Dem Ego ist es nie recht.

Es vergleicht ständig.

Es interpretiert ständig.

Es bewertet ständig.

Es will ständig.

Es will ständig nicht.

Und dieses Treiben in unserem Inneren führt zur Gedankenflut.

Zu überbordenden Emotionen.

Zu ständig mehr oder weniger starken Unzufriedenheit, zu Hektik, zu Stress.
Das Problem?
Durch dieses Treiben in meinem Kopf bringe ich mich um das Jetzt.
Um den aktuellen Moment.
Bringe ich mich um mein Leben, welches NUR jetzt stattfindet.
Immer nur im Jetzt stattgefunden hat.
Wie oft höre ich:
„Ich habe aber eine Vergangenheit, wurde furchtbar betrogen" – dies ist nur eine Erinnerung, „haben" tut man nichts.
„Ich plane aber meine Zukunft" – dies sind nur Gedanken und innere Bilder – niemand „hat" eine Zukunft.
Natürlich macht man Pläne.
Natürlich erinnert man sich.
Doch sollte man selbst bestimmen, OB, WANN und WOFÜR ich denke.
Wie viele Menschen erzählen mir davon, dass ständig Gedankenschleifen, Aktivität und Lärm in ihrem Gehirn stattfinden.
Welche Qual.
Welche Zeit- und Energieverschwendung.
Wo ich doch nur im Jetzt handeln kann.
Es gibt verschiedene Pforten, das Jetzt zu betreten, zu dem Ort zu kommen, in dem das Leben AUSSCHLIESSLICH stattfindet.

Besonders effizient funktionieren diesbezüglich die eigenen Sinne.

Seine Sinne hat man immer dabei, sie eignen sich hervorragend, um im Jetzt, im Leben, im aktuellen Moment anzukommen. Das Ergebnis?

Eine magische innere Ruhe.

Eine köstliche innere Stille.

Ein höheres Ausmaß an Energie, welches zur Verfügung steht.

Ein besseres Funktionieren des Gehirns, wenn man aus der Ruhe heraus beginnt zu denken.

Ein Wegfallen von Stress und Hektik. (Es gibt im Jetzt keinen Stress. Stress entsteht dadurch, dass ich JETZT etwas mache und GLEICHZEITIG an etwas denke, was noch zu machen ist. Diese Unvereinbarkeit – ich kann mich nur mit einer Sache beschäftigen, kann nicht am Computer arbeiten und gleichzeitig das Auto zum Service bringen – sorgt für Stress. Eine Aktivität im Jetzt durchzuführen und eine andere Aktivität schon in meinem Gehirn herzuholen – und meistens ist es nicht nur eine Aktivität: „ich schreibe das noch fertig, das Auto zum Service, einkaufen, einen Termin ausmachen, schnell heim…" Dieses „stapeln" an Aktivitäten, die ich nicht JETZT machen kann, die lediglich in meinem Kopf existieren, sorgt für Stress. Natürlich mache ich einen Plan, was heute noch alles zu tun ist. Dann allerdings vergesse ich diesen. Und beschäftige mich lediglich mit dem, was ich JETZT auch tun KANN.)

Ein besseres Funktionieren der Sinne.

Handlungsfähigkeit.
Denn nur im Jetzt kann ich tun, kann ich machen, kann ich aktiv werden.
Alles andere sind Erinnerungen, mit Hilfe derer ich lernen kann, und Gedanken, mit Hilfe derer ich für die nähere oder fernere Zukunft Überlegungen anstellen kann.
MACHEN, LEBEN
kann ich nur im aktuellen Moment.
Immer nur im aktuellen Moment.

Wofür gibt es diesen Störfaktor, den man Ego nennt, dann eigentlich?
Diese Entität ist als Werkzeug gedacht.
Und es ist ein großartiges Werkzeug.
Es lässt Menschen planen, erschaffen, streben und kreieren.
Außerdem dient es als Referenz für andere Egos.
Egos erkennen sich gegenseitig in der Welt der Egos.
Hat man mit Tieren, Säuglingen oder spirituell hoch entwickelten Menschen zu tun, kann das Ego nicht mehr mitreden.
Wenn es keinen Spiegel in Form eines anderen Egos hat, zieht es sich (vorläufig) zurück.
Auch ist das Ego praktisch in der Welt der Formen.
Ohne den Gedanken „ich **will** im Regen nicht mehr nass werden und frieren" baut man sich kein Haus.

Ohne den Gedanken „ich **will nicht** weiter zusehen, wie Menschen an einer Blinddarmentzündung sterben" beginnt niemand wissenschaftlich zu forschen.
Leider führt dies häufig zu dramatischen Irrwitzigkeiten:
„Die Ukraine ist ein Teil Russlands. Ich **will** die wieder haben."
„Ich **muss** mehr Land für den Sojaanbau haben, brennen wir doch den nächsten Teil des Amazonasregenwaldes nieder."
Eine Nachrichtensendung reicht aus, um die Auswüchse und die Krankhaftigkeit von Egos zu erkennen.

Ich genieße den Kaffee.
Versinke voll und ganz in meiner bequemen Sitzhaltung, in der mir geschenkten Zeit und in der Geschmacksvielfalt dieses Getränkes.
Durch das Wahrnehmen all dessen denke ich nicht mehr und tauche tief ins Jetzt ein.
Und dann?
Geht es mir gut.
Ja, ich habe Kopfschmerzen, Nervenprobleme, Geldsorgen, Nöte und Ängste.
Aber JETZT ist es gut.
Denn JETZT sitze ich bequem, genieße die mir geschenkte Zeit und tauche voll und ganz in die Geschmackssensation dieses Getränkes ein.
Kopfschmerzen, Nervenprobleme, Geldsorgen, Nöte und Ängste habe ich noch immer.

Nur. Denke. Ich. Nicht. Daran.
Ich ignoriere die Probleme nicht, ich lenke mich nicht ab, ich habe „nur" meine Aufmerksamkeit und mein Denken von meinen „Problemen" abgezogen.
Deshalb
geht es mir gut.
Deshalb
bin ich im Frieden.
Deshalb
werde ich mit Energie vollgeladen (statt sie durch Denken zu verschwenden).
Deshalb
kann ich später hocheffizient, konzentriert und aus Leichtigkeit heraus intensiv daran arbeiten, meine „Probleme" anzugehen.
Und das Großartige:
Wenn ich mein Ego ALS WERKZEUG benötige, habe ich es sofort zur Verfügung.
Allerdings dient es mir.
Und nicht ich diene meinem Ego.
Was also tun?
Das Ego versuchen zu verlieren?
Das Ego versuchen zu ignorieren?
Kaum möglich und auch nicht erstrebenswert.
Das Ziel ist, das Ego als das zu sehen und zu nutzen, was es ist – ein Werkzeug.
Das FÜR MICH arbeitet und nicht ich für es.

Dies bedeutet:
Zu allererst zu erkennen, dass man ein Ego HAT.
Dass man nicht sein Ego IST, sondern dass es ein Teil in einem ist, der sich mit der Zeit entwickelt hat.
Gewachsen ist und zu irgendeinem Zeitpunkt einen Teil der Kontrolle meines Gehirns, meines ganzen Seins übernommen hat.
Dass es dies regelmäßig macht und ich mich dagegen kaum wehren kann, da ich es für so normal halte.
(Verrückterweise WILL man sich kaum dagegen wehren; auch wenn das Ego einen Dinge machen lässt, von denen man weiß, dass sie nicht förderlich sind, fühlen sie sich manchmal dennoch gut an – z. B. zu streiten: ich WILL recht haben und gewinnen, obwohl ich weiß, dass der Streit weder gesund noch angenehm ist (auf perverse Art ist er das manchmal), und doch befriedige ich durch das Rechthaben innere Bilder und Vorstellungen meines Egos.)

Ich habe also erkannt, dass ich ein Ego habe.
Und dann?
Beobachte ich es.
Lerne ich seine Regeln, Spiele und Verhaltensweisen kennen:

„Immer macht es mich rasend, wenn der bei grün nicht sofort losfährt."

„Immer ärgere ich mich, wenn die Schwiegermutter alles besser weiß."
„Der Chef weiß weniger als ich, hört mir dennoch nie zu."
„Wann werde ich die 3 Kilo abgenommen haben?"
„Wann werde ich die 3 Kilo zugenommen haben?"
„Wenn ich mehr Kurse habe, mache ich eine Praxis auf."
„Wenn ich einen Porsche habe, respektiert man mich endlich."
„Wenn ich 100.000 Follower habe, bin ich auch ein Profi."
„Jeder will etwas von mir."
„Keiner interessiert sich für mich."
„Muss es ausgerechnet heute regnen?"
„Kann es nicht bald regnen?"
„Das Kleid passt meiner Frau überhaupt nicht."
„Das Kleid meiner Frau ist viel zu elegant."

Kurz gesagt:
Sämtliche Aussagen, die mit „ich bin, ich will, ich habe, ich will nicht, immer, nie, alle anderen" zusammenhängen, sind mit großer Wahrscheinlichkeit egobasiert.
Habe ich dies erkannt, kann ich einen Schritt zurücktreten.
Und mich entspannen.
Leicht gesagt.
Ich weiß.
Denn es macht mich WIRKLICH verrückt, wenn die da vor mir nach fünf Sekunden bei Grün noch immer nicht losgefahren ist.

Aber es gibt mit dem Ego kein Diskutieren.
Man kann dem Ego nicht erklären, dass es doch nicht so schlimm ist, länger bei der Ampel zu stehen.
Man kann mit dem Ego nicht verhandeln.
Wenn man jedoch glaubt, dass es funktioniert, ändert diese Entität lediglich ihr Mäntelchen:
„Okay, es ist völlig okay, länger bei der grünen Ampel zu stehen, aber ich ärgere mich unendlich über die, die mich anhupen, weil ich nicht sofort losfahre."
Das falsche Selbst ist unglaublich trickreich.
Beginnt man ihm auf die Schliche zu kommen, wechselt es mitunter radikal seine Erscheinungsform:
Es ist regelmäßig zu beobachten, dass Studenten, welche ich in biodynamischer Osteopathie unterrichte (der energetische Ansatz innerhalb der Osteopathie), beginnen ihr Ego zu erkennen, zu verstehen und zu vermindern.
Dann kann folgendes passieren:
Das Auto wird verkauft.
Der Ernährungsplan auf vegan umgestellt.
Die Studentin stellt Kleidung, Verhalten und Sprache auf den Modus „ich bin am Weg zur Erleuchtung" um.
Mitunter wird eine leicht herabwürdigende Art allen „Nichtspirituellen" gegenüber spürbar.
Was passiert?

Das Ego steigt aus der vorigen Rolle des Lebens aus und erschafft eine neue – die des im Lernen begriffenen spirituellen Menschen.
Auch wenn es im Außen nun so wirkt, als wäre die Person dabei, sich zu entwickeln, hat lediglich das Ego sein Mäntelchen gewechselt.

Es gibt einen weiteren mächtigen Störenfried auf dem Weg zu innerer Ruhe, Selbstbestimmtheit und aufmerksamer Entspanntheit.
Unsere Emotionen.

Ich verstehe Emotionen als körperliche Reaktion auf einen Gedanken.
Es fällt mir etwas ein oder auf, ich sehe, höre oder spüre etwas, diese Wahrnehmung läuft durch meine inneren Filter, es folgen Interpretationen und Bewertungen des Erlebten und darauf reagiere ich mit einer Emotion. (Liest sich lange, geht aber in Wirklichkeit ziemlich schnell… 1½ bis 2 Sekunden vergehen zwischen der Wahrnehmung, dass mir das jetzt gar nicht gefällt, dem Bilden eines Gedankens und dem Aufbau einer Emotion.)
Emotionen hängen unweigerlich mit dem Ego zusammen, da diese innere Instanz primär dafür verantwortlich ist, durch welchen Filter ein Mensch die Welt (besser gesagt <u>seine</u> Welt) wahrnimmt.

Je mehr ich denke, je mehr ich interpretiere, je mehr ich bewerte, desto stärker werden meine emotionellen Reaktionen sein. Bei Menschen, die nahezu nur von Emotionen gesteuert werden, erkennt man sogar, dass die aufgetauchten Emotionen dafür sorgen, dass neue Gedanken generiert werden und so weitere Emotionen die Folge sind.

Diese Spirale kann direkt in die persönliche Hölle führen. (Vor Gericht hört man dann: „Ich weiß nicht, wie das geschehen konnte, ich war gar nicht mehr ich selbst." In diesem Fall hat das Ego den Menschen vollkommen übernommen und es ihm unmöglich gemacht, aus der Spirale von Denken und Emotionalisieren auszusteigen.)

So unerfreulich solche Gegebenheiten sind, so praktisch und schön können Emotionen als Werkzeug sein.

Wer hat sich nicht schon durch Musik „in Stimmung" gebracht?

Wer hat sich nicht nach einem Film stärker/fröhlicher/trauriger gefühlt?

Wer hat nicht gespürt, wie das Leben insgesamt besser wird, wenn man verliebt ist?

Das Leben mit Emotionen kann wundervoll sein, so man sie – wie auch das Ego – erkennt, kennenlernt und nicht von ihnen beherrscht wird.

Lästigerweise findet aber ein ständiger Tanz statt.

Zwischen meinem Ego, meinen Emotionen, dem Ego meines Gegenübers und dessen Emotionen.
Es ist amüsant zu beobachten, wie diese Pingpong-Spiele von Egos beginnen und welche Dynamiken sie entwickeln.
Sie stacheln sich gegenseitig an – im Positiven oder im Negativen.
Sie WOLLEN etwas – beide – im Positiven oder im Negativen.

Bewusstes Wahrnehmen und „Kontrollieren" meiner Gedanken sorgt dafür, dass auch meine Emotionen sich nicht verselbstständigen.
(Und wer hat nicht schon erfahren, WIE anstrengend Mitmenschen sind, die ihren Emotionen ausgeliefert sind und diese unkontrolliert in die Welt bringen.)
Zur Sicherheit:
Unter „Kontrollieren" verstehe ich, dass ich meine Gedanken nur dann vor sich hinplätschern lasse, wenn ICH das möchte.
Ich verstehe darunter, dass ich denke, wenn ICH es möchte.
Und nicht, dass ich „gedacht werde".
Dasselbe gilt für Emotionen.
Es geht nicht darum, keine Emotionen zu haben oder sie „abzuschalten".
Es geht darum, die Freiheit zu haben, sie auszuleben oder eben nicht.

Es ist ein wunderbares Gefühl der Selbstbestimmtheit, nicht von seinen Emotionen beherrscht zu werden, sondern sie auszuleben wenn <u>man selbst</u> das möchte.
Nicht oft, aber manchmal MÖCHTE ich mich ärgern, MÖCHTE ich streiten.
Ich **muss** allerdings nicht, weil meine Emotionen mich dazu zwingen, sondern ich entscheide mich dafür, sie auszuleben. Gerne auch hemmungslos auszuleben.

Emotionen unterscheiden sich grundlegend von Bewusstseinszuständen.
(Ein großer Unterschied liegt darin, dass Emotionen ihr Gegenteil bereits im Gepäck haben – Vorfreude wird zu Enttäuschung, Verliebtheit zu Liebeskummer, das ausgelassene Feiern zu einem Hangover…)
Bewusstseinszustände sind tief im Menschen angelegt und beinahe universell gültig:

Freude
Angst
Zorn
Überraschung
Traurigkeit
Liebe
Ekel

Diese Bewusstseinszustände benötigen keinen Auslöser in Form eines Gedankens.

Zum Beispiel:
Wenn ich im Wald um die Kurve komme und ein Bär steht vor mir, habe ich gedankenlos Angst.
(Nach einigen Momenten wird die „Angstemotion" auch dazukommen – ich denke nach, was jetzt passieren könnte, und beginne mich zusätzlich zu fürchten.)

Wenn ich tief liebe, kann ich nicht erklären, WIESO ich liebe.
Bin ich allerdings verliebt, kann ich erklären, warum.

Wenn vor meinen Augen ein Kind geschlagen wird, überkommt mich schlagartig Zorn.
Die Wut kommt später durch den Gedanken, wie falsch es ist, ein Kind zu schlagen.

Diese Bewusstseinszustände ermöglichen es einem Menschen, auf seine Umwelt zu reagieren. Schnell und ohne nachzudenken.
Emotionen hingegen werden vom Ego – als Ergebnis eines Gedankens – initiiert, um seine Rolle, seinen Standpunkt zu festigen:
„Das will ich nicht, so will ich das nicht, so sollte das sein, so sollte das nicht sein, das ist richtig, das ist falsch…"

Emotionen dienen dazu, mehr Energie in die Standpunkte des Ego fließen zu lassen.
Ein Beispiel?
Man bekommt vom Kellner nicht die bestellte Speise.
Es ist ein gutes, nahrhaftes Gericht, es wurde allerdings ein anderes bestellt.
Nun habe ich zwei Möglichkeiten:
Ich fühle mich ungerecht behandelt, ärgere mich über den Fehler, beschwere mich lautstark, esse die falsch servierte Speise, natürlich in Groll und Zorn, weil: „Wie kann so etwas nur passieren/Saftladen/immer passiert mir so etwas/die anderen sollen ruhig mitbekommen, wie sauer ich bin…"
Oder:
Ich fange den Gedanken „ich wurde ungerecht behandelt" ab, generiere keine Emotion und genieße entweder das überraschende andere Gericht oder aber warte – ohne zu leiden, da ich keine schmerzhaften Emotionen aufgebaut habe – auf das ursprünglich Bestellte.
(Nebenbei: Wie lange im Leben bestimmten unsere Eltern das, was wir essen sollten? – „Ja, aber heute bestimme ICH, was ich esse, niemand anderer", sagt das Ego. Und das Leid beginnt.)
Besonders toxisch werden Emotionen in Beziehungen.
Nachdem das Ego nahezu nie zufrieden ist mit dem, was ist, „muss" es seinen Standpunkt vertreten. Um bestenfalls „zu gewinnen".
Das gefällt dem Ego meines Mitmenschen natürlich nicht.

Denn auch sein Ego „muss" gewinnen.
Gedanken – Emotionen – Machtspiele – Streit.

Welche Möglichkeiten habe ich nun zu reagieren?
Auf Probleme, Herausforderungen, Ungerechtigkeiten, Dramen, etc.
Ich habe IMMER nur drei Möglichkeiten:

Ich kann die Situation ändern.

Ich kann aus der Situation gehen.

Ich kann die Situation annehmen.

Nichts anderes.
Es gibt im Jetzt keine andere Möglichkeit, auf Probleme zu reagieren.
Lediglich das Ego lässt einen glauben, dass man durch Klagen, sich Aufregen, Streit, Beleidigtsein, Aggression, Trotz, Schreien oder Schweigen etwas ändern kann.
Natürlich kann ich diskutieren.
Natürlich kann ich meinen Standpunkt äußern.
Natürlich kann ich klarmachen, dass diese Situation nicht tragbar ist.
Aber ohne emotionelle Dramen.
Denn diese sorgen für Leid.

Leid bei mir, Leid bei meinem Gegenüber, Leid bei allen Beteiligten.
Was kann ich also tun?

Ich kann das Problem ändern (wenn es in meiner Macht steht).

Ich kann aus dem Problem gehen (wenn dies möglich ist).

Ich kann das Problem annehmen so wie es ist (OHNE darunter zu leiden).

Wenn ich nun VOR diesen drei Möglichkeiten auch noch bei mir, im Frieden und ohne Gedankenspielchen bleibe, leide ich nicht.
Leidet meine Umgebung nicht.
Und man kann sich konstruktiv um Veränderung bemühen.
Das heißt:
Ich komme in eine Situation, die mir nicht gefällt.
Ein Problem begegnet mir.
BEVOR ich denke, dass das nicht so sein sollte und dadurch negative Emotionen entstehen, fange ich mit meinem Bewusstsein (mit Hilfe der „Sinneswerkzeuge") das Denken ab.
Komme in innere Ruhe und kümmere mich effizient um eine der drei Reaktionsmöglichkeiten.
Ein Beispiel aus meiner Vergangenheit.
Dienstagnachmittags.

Ich war in bester Laune.
Am Weg zu einer beruflichen Fortbildung im Salzkammergut.
Meinem Seelenort.
Kurz vor der Autobahn tankte ich.
Betrat die Tankstelle, um zu bezahlen.
„Begrüße Sie, ich bezahle bitte bar."
„Welche Nummer?" (der Zapfsäule)
Ich kannte die Nummer nicht, jedoch den ungefähren Betrag.
„Die weiß ich nicht, ungefähr 28,–" (Ich fuhr zu dieser Zeit eine Ente.)
„Ohne Nummer kann ich nicht abrechnen."
„Bitte sehen Sie auf Ihr Display, der Betrag ist ungefähr 28,–"
Der Mann trat einen Schritt von der Theke zurück, Arme vor der Brust verschränkt.
„Ohne Nummer kann ich nichts machen."
Ich fühlte mich ungerecht behandelt, da diese Art der Bezahlung noch nie ein Problem dargestellt hatte.
Dachte mir: „Wieso stellt sich der so an?"
Dann wurde mein Ego wach.
Ich wurde wütend.
Begann zu diskutieren.
Er blieb bei seiner Einstellung.
Die Spannung zwischen uns wurde höher und der Ton schärfer.
Eine Mitarbeiterin stellte sich zwischen ihn und mich.
„Ah, Säule 4, 28, 55 bitte."
Ich bezahlte und verließ die Tankstelle.

Meine Fassungslosigkeit blieb noch eine Stunde bestehen.
WIE konnte dieser Mann mich „erwischen"?
Was ist passiert, dass ich auf sein Spielchen eingestiegen bin, anstatt bei mir zu bleiben?
Die Antwort war naheliegend.
Ich war dermaßen in Vorfreude auf die kommenden Tage, dass ich nicht im jetzigen Moment war.
Geistig und emotional war ich bereits im Salzkammergut.
Dadurch „erwischte" er mich.
Schaffte es, mich dazu zu bringen, auf seine Egoaktivität einzusteigen.
Was mir weder gefiel noch guttat.
Also.
Welche Möglichkeiten hätte ich in dieser Situation gehabt?
Zu allererst zu erkennen, dass ich es mit jemanden zu tun habe, dessen Ego hochaktiv ist. Der recht haben möchte. Der „gewinnen" möchte.
Dann durch sofortiges In-den-Körper-Fühlen mein aufwachendes Ego – das seinerseits Recht haben möchte und mich mit Gedanken und Emotionen bombardiert – abzufangen.
Dies hätte 2 – 3 Sekunden gedauert.
Durch diesen Ablauf wäre ich still und im Frieden geblieben.
Die Situation wäre für mich nicht mehr unangenehm gewesen, da ich mit meinem inneren Frieden gut verbunden gewesen wäre.

(Immer wieder lohnt es sich daran zu erinnern:)
Nicht die Situation ist das Problem, mein Denken und Fühlen die Situation betreffend erzeugt das Problem.)
DANN erst hätte ich mich um die Angelegenheit kümmern können.
Und zwar OHNE unter der Situation zu leiden.
Nämlich:

Die Situation ändern
indem ich hinausgehe, die Nummer der Zapfsäule ablese und sie ihm nenne

Aus der Situation gehen
30,– auf die Theke legen und gehen

Die Situation annehmen
emotionslos und höflich den Mann fragen, wie wir mit dieser Situation nun umgehen wollen

Zu diskutieren, zu streiten, mich im Recht zu fühlen, laut zu werden, mich ungerecht behandelt zu fühlen – all dies sorgt lediglich dafür, dass ICH leide, weil die Situation sich verhärtet und mein Ego immer mehr Druck aufbaut, um „zu gewinnen".
Dies tut letztendlich nur mir weh.
SOGAR wenn durch meine Aufregung dieser Mann die Rechnung doch ausgestellt hätte, würde ich mich noch längere Zeit

nach dieser Situation darüber ärgern, nachdenken und innere Dialoge führen.
Für nichts und wieder nichts.
Denn:

Es geht um **mein** Wohlbefinden.
Es geht um **meinen** inneren Frieden.

Und nein, ein „gewonnener" Streit erhöht das Wohlbefinden nicht.
Denn auch wenn ich „gewonnen" habe, sorgt das Ego dafür, dass ich – obwohl die Situation bereits vorüber ist – daran denke und weiterhin Geschichten in meinem Kopf spinne.

Was also hilft?
Bewusstsein.
Da sein.
Sich nicht von Gedanken und Emotionen ablenken lassen.
Bewusstsein, wie ich es verstehe, ist das, was mein Denken beobachtet.
Das, was **hinter** meinem Denken steht.
WÄRE ich mein Denken, würde ich mir nicht beim Denken zusehen können.
Das heißt, es muss etwas Übergeordnetes geben, was meinem Denken zusieht.
Ebenso kann ich dem Aufbau meiner Emotionen zusehen.

Erst wenn diese überhand nehmen, werde ich so von ihnen vereinnahmt, dass „ich die Emotion bin".
Bewusstsein ist für mich mein „echtes" Selbst.
Diese stille, friedliche, wache, entspannte und bereite Qualität, die tief in mir ist. Und die das Treiben der Gedanken, Emotionen und des Egos beobachtet.
Das Bewusstsein ist das, was von mir übrig bleibt, wenn ich alles, was mich „ausmacht", weglasse: meine Bildung, meine Vergangenheit, mein Aussehen, meine Zukunft, meinen Erfolg, meine Besitztümer – wenn ich all dies ignoriere, bleibt dennoch etwas in mir übrig.
Das Bewusstsein, dass ich bin.

Wann aber denke ich dann?
WENN man denkt – dann als Prozess:

Es gibt ein Thema, das man bedenken möchte.
Man beginnt zu denken.
Geht durch den Denkprozess.
Kommt zu einem Denkergebnis.
Und hört wieder auf zu denken.

MAN HÖRT WIEDER AUF ZU DENKEN.

Andernfalls beginnen diese unproduktiven, sich wiederholenden und störenden Gedankenschleifen.

Es entsteht diese plappernde Stimme im Kopf.
Die einen kaum zur Ruhe kommen lässt.
WENN ich nicht ständig denke, ist mein Gehirn durch die Pause wunderbar bereit für die nächste Denkarbeit.
Kann frische Gedanken fassen und effizient arbeiten.
Es funktioniert wie ein gut ausgeruhter Sportler.
Ein Athlet, der ständig trainiert, wird müde und verletzungsanfällig.
Ein Gehirn, welches ständig (unbewusst) verwendet wird, ist nicht frisch, entspannt, erholt und bereit.
Es ist müde, abgenutzt und erschöpft.
Was also tun?

Natürlich wäre es wunderbar, könnte jeder Mensch meditieren, auf Knopfdruck in tiefe Stille kommen und somit sein Gehirn und seine Egospielchen abschalten.
Dies ist zu erreichen, benötigt aber einiges an Training.
Deshalb biete ich schneller zu erlernende und leichter anzuwendende Werkzeuge an.

Gewöhnlich kommt ein Gedanke nicht aus dem Nichts.
Es gibt einen Trigger, einen Auslöser, man sieht, hört oder spürt etwas, dadurch taucht der Nebel, der Schatten, die Vorstufe eines Gedankens auf.

Daraufhin
beginnt man zu dem Schattengedanken innerlich hinzusehen.
Man bemerkt ihn.

Das
macht ihn manifester, präsenter, „echter".

Dann
bewegt man sich zu dem Gedanken hin.
Man interessiert sich für ihn.

Jetzt
taucht man in den Gedanken ein.
Manche Menschen versinken dermaßen tief, dass in deren Kopf nichts anderes mehr existiert als diese eine Vorstellung.

WODURCH

Unsere Sinne sind ein großartiges Werkzeug, um das Denken abzustellen – im besten Fall gar nicht damit zu beginnen, wenn es nicht nötig ist – und im Jetzt, in der Ruhe, im Frieden anzukommen.
Für jeden Menschen funktioniert ein Sinn leichter als ein anderer.
Ausprobieren.
Erkennen, welcher für mich am effizientesten funktioniert.
Üben.
Anwenden.

Die eigenen Sinne hat man immer mit:
Sehen, Hören, Fühlen, Schmecken, Riechen

Das Großartige beim Verwenden der Sinne liegt darin, dass ich keine Yogamatte, keinen ruhigen Raum und keine Meditationsmusik benötige.
Bei der roten Ampel, zwischen zwei Telefonaten, während des Essens, der Alltag bietet hunderte Möglichkeiten, in denen ich für Sekunden bis Minuten diese Fertigkeit verbessern kann.

Und ja:
Jeder Mensch beherrscht diese „Arbeit" bereits.

Wir haben uns lediglich die schlechte Angewohnheit des ständigen Denkens anerzogen.

Es bedarf bloß etwas Übung, das Nicht-Denken und die Länge dieser Anwendung Stück für Stück auszudehnen.

DAS SEHEN

Während ich diese Zeilen schreibe, sitze ich in einem Hotelzimmer.
Links vor mir auf dem Tisch steht eine Willkommenskarte.
„Herzlich WILLKOMMEN" steht geschrieben und daneben das Bild der Familie der Hotelbesitzer.
Ich betrachte das W von WILLKOMMEN.
Ich sehe diesen Buchstaben klar.
NUR diesen Buchstaben.
Mein Gehirn, meine Augen möchten beginnen, die Seite zu studieren.
Etwas finden, das interessanter ist als das W (ich bemerke, wie mein Ego sich meldet, es „will nicht". Das W anzusehen ist langweilig. Es versucht mich dazu zu bringen, die Buchstaben zu zählen, die Schriftart zu interpretieren, das Familienbild genauer zu betrachten – all dies lasse ich jedoch nicht zu).
Ich muss meine Aufmerksamkeit führen, wie auch ein Pferd an den Zügeln geführt wird.
Lasse ich locker, zieht es meine Aufmerksamkeit sofort zu einer Vielzahl an Dingen: Die Tischplatte wird interessant, die Zimmereinrichtung ruft nach Beachtung, ich könnte aus dem Fenster sehen…
Ich halte meine Aufmerksamkeit und meinen Blick mit einer <u>gutmütigen</u> inneren Haltung auf das W gerichtet.

Ich bin nicht zornig, dass ich mich versuche abzulenken.
Ich kenne das Spiel.
Lächle mir innerlich zu und sage mir: „ich weiß" ☺
Es wird stiller in mir.
Das Andere interessiert mich nicht mehr sehr.
Das W ebenso wenig.
Ich genieße die Stille in mir.
Ich werde ruhiger. Ich entspanne mich.
Ich benötige kaum mehr Anstrengung, ausschließlich das W zu betrachten.
Einerseits ist es egal, es zu tun.
Andererseits ist es gut.
Etwas Magisches passiert: Das W ist kein W mehr.
Zuerst wurde es vom Buchstaben zu einem Muster.
Dann zu einer Form.
Dann war es einfach irgendetwas.
Und tiefe Ruhe, Entspannung, Freude und Wachheit machen sich in mir breit.
Ich wende den Blick ab vom W.
Der Zustand in mir bleibt.
Ich bemerke, dass meine Schultern völlig entspannt sind, dass ich ein leichtes Lächeln im Gesicht habe.

Es. Ist. Gut.

Natürlich wird ein Gedanke auftauchen.

Bald
wird ein Geräusch hörbar werden.
Jedenfalls
werde ich mich an einen etwaigen Termin erinnern.
Ich werde aus diesem tiefen Zustand der Gedankenstille gebracht werden.
Aber
ich konnte ruhen.
Habe eine nährende, beruhigende und kräftigende Pause in mir genossen.
Die ich jederzeit wiederholen kann.

WAS PASSIEREN KANN

Es ist normal.
Es ist völlig normal, dass man das W „verliert".
Alles andere wird dringender und wichtiger als das W.
Doch mit der Zeit lernt man, wie man die Zügel richtig führt.
Wie man sich und dem Ego sagt:
„Ich weiß das alles, was ihr mir da ins Ohr sagt. Trotzdem: Ich bleibe jetzt einmal NUR beim W. Danach sehen wir weiter."
Man lernt, souverän bei seinem Bewusstsein zu bleiben.
Man lässt sein Gehirn nicht machen, was es will.
Man führt und lenkt es.
Wie man jedes Werkzeug führt, lenkt und nutzt.
Auch einen Hammer hält man besser fest und verwendet ihn konzentriert.
Um das Einschlagen eines Nagels überhaupt möglich und vor allem schmerzfrei zu machen.

Natürlich kann ich auch eine Rose, ein Auto, ein Gesicht, den Himmel – oder was auch immer mir vor Augen kommt – dazu verwenden, mein Gehirn in die Stille zu bringen.
Doch je komplexer das Angesehene ist, desto mehr Geschichten kann das Gehirn erfinden:
„Da ist doch eine Delle im Kotflügel, andere Felgen wären schöner, die Farbe mag ich eigentlich nicht, wie sich der Motor

wohl anhört, warum habe ich mir dieses Bild ausgesucht…"
und eine Million weiterer möglicher Geschichten.
Deshalb kann der Anblick des Meeres oder der Berge einen Menschen in kürzester Zeit ins Jetzt und in tiefe Stille bringen.
Kann.
Denn nicht viele Menschen halten es aus, wenn es still wird in einem.
Zu sehr ist man den ständigen inneren „Lärm" gewöhnt.
Wahrscheinlich haben aus diesem Grund die meisten Strandbesucher ihr Phone, ein Buch, Kopfhörer oder anderes in Verwendung, das dafür sorgt, diesen inneren Lärm, die ständige innere Aktivität und Ablenkung vom Jetzt aufrecht zu erhalten.

Ein W hingegen gibt nicht viel her.
Wirklich nicht.
Rund, eckig, wie weit offen, wie groß, Farbe, Winkel der Arme.
Punkt.
Nach kürzester Zeit gibt es nichts mehr zu interpretieren, zu vergleichen, zu hinterfragen, zu bewerten.
Dann wird es langweilig.
RICHTIG langweilig.
Spätestens dann beginnen die Kämpfe mit einem selbst:
„Wofür mache ich diesen Unsinn eigentlich? Starre ein W an."
„Ich kann das ohnehin. Jetzt gerade will ich aber nicht."
„Funktioniert bei mir nicht. Ich such mir was anderes."
Und so weiter

und so fort.
WENN man über diese Langeweile und das innere Argumentieren hinwegkommt,
und ja,
man muss dies üben, dranbleiben, von alleine passiert da nichts,
dann, ja dann kommt die Stille.
Der Frieden. Die Ruhe. Die Kraft. Die Freude.
Das nächste Mal geht es etwas leichter.
Nicht viel,
aber etwas.
Beim 10. Mal denkt man, man fängt wieder neu an.
Es ist genauso stressig, mühsam und sinnlos wie beim ersten Mal.
Das. Ist. Normal.
Beim 12. Mal wird es plötzlich schlagartig still in einem und man ist „angekommen".
Beim 15. Mal findet man die Stille in sich gar nicht.
Aber:
Mit der Zeit gelingt das „Hineinrutschen" wie von alleine.
Dann
nimmt man innere Freiheit, Souveränität und Selbstbestimmung auf natürliche und tiefe Art und Weise wahr.

DAS HÖREN

Auch den Gehörsinn kann man nutzen, um sein Gehirn zur Ruhe zu bringen.
Zwei Möglichkeiten:

Ich lausche dem, was wirklich ist.
Ich lausche etwas, was nicht zu hören ist.

Es bietet sich an, ein Geräusch zu wählen, welches stetig ist.
Wie beim Sehen lasse ich meine Gedanken vorbeiziehen, während ich diesem Geräusch lausche:
„Ist ziemlich laut das Rauschen/schlafen könnte ich nicht bei dem Geräusch/warum mache ich das überhaupt/sollte eigentlich etwas anderes machen."
Mit der Zeit beginnt das innere Plaudern leiser zu werden, dann beginne ich, „in" das Geräusch zu hören.
Ich tauche tiefer ein.
Bis
bis ich die Stille HINTER dem Geräusch wahrnehme.
Die Stille, aus der das Geräusch kommt.
(Ja, Stille ist der Grundzustand. Aus der Stille kommt ein Geräusch, dieses besteht eine Zeitlang und verschwindet wieder in der Stille.)

Mit der Zeit – und etwas Übung – „höre" ich dann nur noch die Stille hinter dem Geräusch.
Und diese Stille vergrößert und vertieft die Stille in mir.
Aus der Stille in mir entsteht nicht nur Ruhe und Entspannung, sondern das Potential, hochaktiv zu werden.
(Es ist ein Irrglaube zu denken, dass es bei „Meditation" nur um Entspannung geht. Wenn ich zentriert, still und gedankenlos bin, kann ich Aktivität in jede Richtung beginnen. Schnell, mühelos und effizient – jede Arbeit, ob körperlich oder geistig, wird mir leicht und angenehm von der Hand gehen, wenn sie aus diesem Zustand der stillen inneren Zentriertheit kommt.)

Eine Möglichkeit, welche schneller, aber weniger tief funktioniert, ist auf ein Geräusch zu hören, welches nicht existiert:
Kann ich das Rauschen des Flusses/das Pfeifen des Windes/das Rauschen der Wellen hören? (in einem Kaffeehaus sitzend)
Durch das Lenken meines Bewusstseins, meiner Konzentration auf das „Flussrauschen" verschwinden meine Gedanken sofort.
Aus dem Grund, dass ich keine Denkarbeit gleichzeitig mit „Fühlarbeit" durchführen kann.
Es handelt sich um unterschiedliche Frequenzen in mir.
„Da ist überhaupt kein Fluss, was soll der ganze Unsinn eigentlich" ist wieder ein Gedanke.
Das Hinhören zu etwas, das nicht ist, ist „fühlen".
Es geht nur das Eine oder das Andere.

Der Vorteil dieser Methode: Das Gehirn wird quasi schlagartig still.

Ein wunderbares Werkzeug, um zwanghafte Denkschleifen – z. B. beim Einschlafen – zu unterbrechen.

Lediglich die Tiefe der Zentrierung, der inneren Stille werde ich auf diese Art weniger leicht erreichen können.

Was in Ordnung ist, man sollte für verschiedene Gelegenheiten unterschiedliche Werkzeuge haben.

WAS PASSIEREN KANN

Geräuschen zu folgen, die bald verschwinden, kann mühsam sein.

Wenn ich zu einem vorbeifliegenden Flugzeug oder einem Vogel in der Nähe hinhöre und dieses Geräusch verschwindet (weil Flugzeug und Vogel weiterfliegen), muss ich mich auf ein neues einstellen.

Dies bedeutet aber Zeit für das Gehirn, Gedanken aufkommen zu lassen:

„Okay, der Flieger war gut, was höre ich mir jetzt an? Oder lasse ich es? Hat ja eh schon ganz gut funktioniert…"

Stetige und andauernde Geräusche – ob künstlicher oder natürlicher Herkunft – sind effizienter zu nutzen.

DAS FÜHLEN

Mein Lieblingswerkzeug.
Aus dem einfachen Grund, dass ich einerseits schnell und präzise im Jetzt und in der Gedankenlosigkeit ankommen kann, ich andererseits auch durch wenig Aufwand noch weiter in die Ruhe, in tiefste Stille und perfekte Ausgeglichenheit komme.
Auch hier gibt es zwei Möglichkeiten:

Ich fühle nach außen.
Ich fühle nach innen.

Ob ich sitze, liege oder stehe, immer kann ich eine Referenz meines Körpers zur Umgebung herstellen:
Beim Stehen fühle ich meine Fußsohlen.
Beim Liegen die Rückseite meiner Beine, Gesäß, Rücken und Hinterkopf.
Beim Sitzen meine Fußsohlen, hinteren Oberschenkel, Gesäß und Rücken.
Fühle ich nun z. B. im Liegen nach außen, so nehme ich wahr, dass meine Fersen auf der Unterlage ruhen.
Dass meine Waden und hinteren Oberschenkel aufliegen.
Dass mein Gesäß die Unterlage leicht eindrückt.
Mein Rücken wird von der Unterlage getragen, ich muss nichts machen.

Auch mein Hinterkopf liegt ganz von alleine auf.
Ich wandere von den Füßen die Rückseite meines Körpers hinauf und nehme wahr, dass ich „getragen", gehalten werde.
Ich muss nichts tun.
Mit der Zeit beginne ich die Rückseite ALS GESAMTES wahrzunehmen.
Keine Einzelteile mehr, sondern meine gesamte Rückseite.
Alleine das Fühlen der einzelnen Kontaktpunkte sorgt bereits für Gedankenstille und den Aufbau von Ruhe in einem selbst.
Denn
wie gesagt:
Ich kann nicht gleichzeitig fühlen und denken.
Um noch tiefer in wache Ruhe und entspannte Aufmerksamkeit zu kommen, nehme ich gerne wahr, wie ich schwerer werde.
Ich übergebe mein Körpergewicht der Unterlage.
Manchmal habe ich das Gefühl, tatsächlich tiefer einzusinken.
Dieses Spiel kann ich in Zeit und Intensität ausdehnen, der Effekt ist der gleiche, auch wenn ich bei der Haltestelle stehend meine Fußsohlen wahrnehme und fühle, wie sie mein Körpergewicht tragen.
Detto beim Sitzen.
Ich nehme wahr, wo ich Kontakt zur Sitzgelegenheit habe, wie ich getragen werde von dieser Unterlage und wie ich gegebenenfalls tiefer einsinke.
Durch mein Lockerlassen in die Unterlage hinein.

Das Fühlen nach Innen bringt mich noch tiefer in den Bereich, in dem es immer gut ist, in den aktuellen, gedankenlosen jetzigen Moment.
Ob stehend, sitzend oder liegend nehme ich wahr, dass ich meinen Körper INNEN ausfülle.
Für Menschen, die mit dem Bild des Fühlens nach innen gar nichts anfangen können, gibt es eine einfache Vorübung:
Ich sitze oder stehe, meine Arme ruhen entspannt (z. B. auf der Sessellehne).
Ich schließe die Augen.
<u>Ohne eine Bewegung zu machen</u> oder etwas zu berühren frage ich mich:

„Woran erkenne ich, wie weiß ich, dass ich eine linke Hand habe?"

Das Bewusstsein wird zu, wird IN die linke Hand gelenkt. Wenn man diesen Zustand ein bisschen länger hält, fühlen die meisten Menschen, dass die Hand etwas wärmer wird, sich im Vergleich zur rechten Hand beinahe etwas größer anfühlt.

Das gleiche Prinzip kann ich für den gesamten Körper anwenden.
Ich verwende gerne das Bild eines Strampelanzuges.
Dieser Strampelanzug ist für mich nach Maß gemacht, perfekt temperiert und er erwartet, dass ich in ihn hineingleite.

Zuerst nehme ich wahr, wie meine Füße in die Füße des Strampelanzuges gleiten, meine Füße füllen diese „Socken" vollkommen und perfekt aus.
Dann gleiten meine Unterschenkel, Knie, Oberschenkel und mein Gesäß in die „Hose" des Strampelanzuges hinein.
Ich mache nichts.
Ich sehe lediglich zu, wie meine Beine Stück für Stück die Beine des Strampelanzuges ausfüllen.
Selbiges mit meinem Oberkörper, meinem Schultergürtel und meinem Kopf.
Regelmäßig kommt es vor, dass ich 3 – 4 Mal meine Schultern noch lockerer lassen muss, damit sie angenehm im Strampelanzug ruhen.
Und ebenso.
Zuerst beobachte ich die einzelnen Körperteile, wie sie in den Strampelanzug gleiten, dann nehme ich meinen gesamten Körper wahr, wie er perfekt in seiner Hülle angekommen ist.
Dieses Spiel kann ich ausdehnen und immer präziser gestalten:
Sind alle meine Finger gut in der Hülle angekommen?
Ist mein Gesicht entspannt und ruhend?
Sind meine Schultern wirklich so locker, wie sie sein können?
Kann ich den Anzug noch besser ausfüllen, mich noch besser in ihn hinein entspannen?
Und:
Passiert all dies wie von alleine?
Passiert es dadurch, dass ich nur ZUSEHE, wie es passiert?

Sinn ist nicht, mich in diese Hülle hineinzudrücken, zu pressen, es zu wollen.
Sinn ist, wie von alleine mit meinen Füßen in die Füße meines Anzuges hineinzugleiten.
Wie auch in die Beine, den Rumpf, in den gesamten Anzug.
Ziel ist es, <u>das Innere</u> meines Körpers wahrzunehmen.

Das Ausfüllen des „Strampelanzuges" benötigt etwas Übung. Es ist zu Beginn nicht immer leicht, bei der Sache zu bleiben, gerne wird man durch andere Körperwahrnehmungen abgelenkt („der Gürtel ist zu eng, Wahnsinn, wie verspannt mein Nacken ist, die Sessellehne drückt...").
Ich kann nur eines sagen:
ignorieren.
Ignorieren, was jetzt gerade nicht wichtig für mein Tun ist.
Anderen Informationen nicht zusehen, ihnen keine Wichtigkeit schenken, sie fallen lassen.

WAS PASSIEREN KANN

Man kann sich verbummeln.
Ziel ist es, TIEF in das Fühlen des Inneren einzutauchen.
Natürlich erreiche ich Stille und Zentrierung auch, wenn ich kreuz und quer durch den Körper springe.
Wirklich effizient wird das Üben dann, wenn ich möglichst das gesamte Innere (zu Beginn das gesamte Äußere) gleichzeitig wahrnehmen kann und diesen Eindruck immer mehr vertiefe („kann ich das Innere NOCH größer/breiter/tiefer/kompletter fühlen? Fällt mir auf, dass ich in bestimmten Regionen weniger satt angekommen bin?").
Und
wie immer:
Ich interpretiere nicht.
Ich lasse keine Gedankenspielchen zu.
Ich bleibe bei diesem meiner Sinne.
Ich bleibe bei meinem jetzigen Tun, bleibe beim Fühlen, lasse mich nicht ablenken.
Bis **ich** mich entscheide, etwas anderes zu machen.

DAS RIECHEN

Dem Schmecken meines Kaffees geht das Riechen voraus.
Es bereitet mein Bewusstsein auf die „Konzentration" vor.
Den Geruchssinn zu verwenden funktioniert schnell und einfach, geht jedoch nicht sehr tief.
Ich rieche an etwas.
Lasse wie beim Sehen, Hören und Fühlen die Bewertungen und Gedanken fallen („für eine Rose riecht die nicht sehr stark/ hätte gedacht, dass die Kräuter besser riechen…).
Ich nehme den Geruch wahr, interpretiere ihn nicht, vergleiche ihn nicht mit anderen Gerüchen, denke mir keine Geschichten dazu aus, ich nehme ihn nur wahr.
Mit der Zeit wird der Geruch einerseits „schwächer", andererseits nimmt man mehrere Schattierungen und Finessen wahr.
Ich persönlich empfinde es nicht als angenehm, minutenlang einen Geruch wahrzunehmen.
Wahrscheinlich komme ich aus diesem Grund nicht in eine vergleichbare Stille wie beim Schmecken oder Fühlen.
Dennoch, um schnell, einfach und effizient im Jetzt anzukommen, funktioniert das Riechen tadellos.
Wunderbar funktioniert es in freier Natur.
Die Konzentration auf die Vielzahl an wahrnehmbaren Gerüchen in einem Wald, an der Küste oder auf einem Feld lässt einen gar nicht zum Denken kommen.

WAS PASSIEREN KANN

Das Riechen sollte zart und unangestrengt geschehen.
Ich sauge nicht gierig Luft ein, ich lasse den Geruch zu mir kommen.
Ich „rieche dem Duft entgegen".
Dadurch wird mein Bewusstsein weg vom Denken und hin zum Riechen und Sein gelenkt.
Und
wie immer:
Ich interpretiere nicht.
Lasse keine Gedankenspielchen zu.
Ich bleibe bei diesem meiner Sinne.

DAS SCHMECKEN

Zuerst nehme ich die Temperatur des Kaffees wahr.
Der erste Schluck ist knapp daran, zu heiß zu sein.
Jedoch nur knapp.
Ich benetze mit der kleinen Portion im Mund meine Zunge.
Verteile die Flüssigkeit in meinem Mund.
Ich atme ruhig durch die Nase und nehme langsam, entspannt und neugierig die ersten Geschmackseindrücke wahr.
Auch wenn ich Schokolade, Tabak, Nüsse, Früchte und anderes definieren kann, sind diese Einzelgeschmäcker nicht wichtig.
Mich interessiert das Gesamtbild.
Ich tauche tief in die gesamte Geschmackswolke ein.
Nach einigen Sekunden schlucke ich.
Danach nehme ich wieder die übrig gebliebenen Geschmacksnoten wahr.
Diese sind gewöhnlich sogar intensiver als der erste Schluck.
Der Nachgeschmack hat mehr „Farbe", mehr Fülle und ein breiteres Spektrum an Geschmacksrichtungen.
Sie unterscheiden sich etwas, auch das interpretiere oder bedenke ich nicht.
Es ist purer Genuss.
Meine entspannte Körperhaltung, mein unangestrengtes Sitzen, das Wissen, dass ich ausreichend Zeit habe, um in tiefe Entspannung und süßesten inneren Frieden zu kommen.

Die Vorfreude, dass diese Entspannung nicht matt und langsam macht, sondern ich aus dieser Entspannung heraus hochintensiven Tätigkeiten nachgehen kann. (Wenn ich einen Tag auf einer Sonnenliege oder in einem Spa verbringe, bin ich auch entspannt. Und lethargisch. Das eigene Bewusstsein zu nutzen bedeutet, wach, klar und bereit zu sein. Ein vollkommen anderer Zustand der Entspannung ist die Folge – im Gegensatz zum passiven „Herumkugeln".)
Prinzipiell kann ich jede Geschmackssensation nutzen, um meine Gedanken abzuschalten.
Je weniger ich dabei tun muss – kauen, acht geben, schlucken – desto schneller und leichter werde ich mein Gehirn zur Ruhe bringen.
Das heißt, einen Fisch mit Gräten für diese Übung heranzuziehen ist vielleicht nicht die beste Wahl.
Ich persönlich erachte das Wahrnehmen der Geschmäcker von Getränken für einfacher und effizienter als das von Speisen.

WAS PASSIEREN KANN

Wie immer:
Ich interpretiere nicht.
Lasse keine Gedankenspielchen zu. Ich bleibe bei diesem meiner Sinne.
Das Gehirn, vor allem das Ego, LIEBT Vergleiche, Interpretationen und Bewertungen.
Dies kann bei Geschmäckern besonders leicht passieren:
„Gestern war der Kaffee heißer/die Sorte ist mir eigentlich zu bitter/so gut wie der erste in dieser Woche war bisher keiner mehr…"
All diese Aussagen versucht das Ego einzuwerfen, um nicht umgangen zu werden.
Und es wird umgangen, sobald das Denken still wird.
Das Ego möchte allerdings unter keinen Umständen hintangestellt werden.
Es möchte Kapitän bleiben, das Ruder weiter in der Hand behalten, doch wenn man in das Fühlen geht, in Gedankenlosigkeit ankommt, verliert es die „Herrschaft" über einen.
(Das klingt übertrieben? Dann empfehle ich, sich in einem Zimmer auf einen Sessel zu setzen. Zu warten. Zu sein. NICHTS zu tun. All die Gedanken, inneren Geschichten und Emotionen, die sich innerhalb weniger Minuten beginnen im Kopf zu drehen, sind dem Ego geschuldet.

Wer es schafft, zehn Minuten gedankenlos, im Frieden, entspannt und still, ohne etwas zu tun auf einem Sessel zu sitzen, hat gelernt, sein Ego zu kontrollieren.
Alle anderen – leiden. Da sie von ihrem Ego nicht und nicht in Ruhe gelassen werden. Das. Ist. Nicht. Freiheit. Und die Aussage „so bin ich eben" hält einen Menschen von seiner Weiterentwicklung ab. Legitim, sich nicht entwickeln zu wollen. Und doch scheint der Mensch einen starken Antrieb zur Entwicklung, zum Besser-werden-Wollen, zur Ausschöpfung seines Potentials zu haben.)
Ein hocheffizientes Werkzeug, wenn ich friedvoll eine kräftigende Pause erleben möchte, während ich alleine in einem Raum auf einem Sessel/am Strand im Sand/im Wald auf einem Baumstamm/in einer Einkaufsstraße auf einer Bank/in einem Wartezimmer/im Stau in einem Auto sitze, ist das Fallen-Lassen.

DAS FALLEN-LASSEN

Gedanken und Emotionen kann man fallen lassen.
Man MUSS Gedanken und Emotionen nicht zuhören, sie nicht ansehen, sich nicht mit ihnen beschäftigen.
Jeder Mensch hat die Wahl, einen Gedanken ernst zu nehmen oder ihn zu ignorieren.

Ein Beispiel:
Ich denke an den ersten Urlaub, an den ich mich erinnern kann.
Ich nehme mir das Gefühl, die Landschaft, meine Kleidung, etwaige Gerüche her und baue in meinem Kopf aus Erinnerungen ein Bild dieses Urlaubs.
Wenn das Bild komplett ist, mein Kopf voll von Gedanken daran ist –

lasse ich das Bild fallen.

Ich denke nicht an etwas anderes.
Ich lenke mich nicht ab.

Ich lasse das, was in meinem Kopf ist, fallen.
Ich denke ganz einfach nicht mehr daran.
Zur Übung hole ich es mir wieder her.

Und lasse es wieder fallen.

(Vor meinen inneren Augen nehme ich das Gedankenbild mit meiner rechten Hand, führe es nach rechts von meinem Körper weg und öffne die Finger. Der Gedanke fällt effektiv zu Boden, mein Kopf ist frei.

Ich mag auch das Bild eines Sackes sehr. Der Gedanke verschwindet in einem Sack, ich binde ihn zu und lasse ihn zu Boden fallen.)

Wenn ich abschweife, bringe ich meine Aufmerksamkeit (zu Übungszwecken) wieder zu dem erschaffenen Bild in meinem Kopf zurück.

Habe ich das Bild ausreichend konstruiert (nicht vergessen: das ist nicht „der Urlaub von damals", es sind ERINNERUNGEN an etwas, was seinerzeit einmal das Jetzt war), lasse ich es wiederum fallen.

NACH dem Fallen-Lassen ist das Gehirn leer. Still. Friedlich. Es ist so spannend wie amüsant, dabei zuzusehen, wie sich ganz von alleine Gedanken wieder im Gehirn breitmachen (vergleichbar mit einer Harnblase welche ungewollt von alleine loslässt – nicht angenehm).

Nun versuche ich, diese von alleine „hereingekommenen" Gedanken fallen zu lassen.

Dieses Spiel kann man lange spielen, mit der Zeit werden die Abstände zwischen dem Fallen-Lassen größer.

Und die wunderbare Stille im Kopf dauert länger an.

Es wird leichter, die Gedanken aus dem Gehirn fallen zu lassen.

WAS PASSIEREN KANN

Was zu Beginn immer passiert, ist das Ersetzen des absichtlich gedachten Gedankens durch unabsichtlich hereinkommende. Ich denke an den Strand seinerzeit, den Geruch der Sonnencreme und langsam schleicht sich der Gedanke herein, ob es dort wohl noch immer so aussieht.
Ob ich diese einsame Bucht wohl noch finden würde.
Dass ich keine Ahnung habe, was aus der Badehose seinerzeit wurde.
Dieses Abschweifen ist vollkommen normal – solange man nicht gelernt hat, sein Gehirn unter Kontrolle zu halten.
(Ist es nicht bemerkenswert? Die meisten Menschen haben mit 2 Jahren gelernt, ihre Blase zu kontrollieren. Selten macht sie, was SIE will. Doch das Gehirn? Macht großteils, was es will. Kaum jemand von uns hat gelernt, wie man dieses Organ kontrolliert.)

Noch einmal:
Denken ist großartig.
Ein tolles Werkzeug.
Zu seiner Zeit.
In der richtigen Dauer.
Wenn ich WÄHLE, dass ich nun denken möchte.
Wenn das Denken einen Anfang und ein Ende hat.
Andernfalls

herrscht Stille, Frieden und wache Aufmerksamkeit in mir. Dies ist ein großartiger Platz, um von dort etwaiges Denken zu beginnen – und dorthin zurückzukehren, wenn ich fertig gedacht habe.

DAS ATMEN

Der Vollständigkeit halber sei das Atmen erwähnt.

Nach vielen Jahren der Begleitung von Menschen habe ich festgestellt, dass für „Bewusstseinsanfänger" Atemübungen nicht sehr einfach zum Ziel führen.
Nicht wenige Personen <u>wollen</u> zu viel bei der Arbeit mit dem Atem: sie bleiben bei technischen Abläufen hängen, konzentrieren sich zu sehr auf Übungsaufträge und interpretieren die eigene Atmung zu oft.
Viele finden durch Atemtechniken kaum in Gedankenlosigkeit.

Aus diesem Grund gehe ich hier nicht weiter auf dieses Thema ein, auch wenn es für etwas Fortgeschrittenere ein großartiges Werkzeug darstellt, um das Gehirn in Stille und sich selbst in tiefe Ruhe zu führen.

Jedenfalls empfehle ich, professionelle Unterstützung heranzuziehen, wenn das Thema Atmung tiefer ergründet werden möchte:
Yogalehrerinnen, Atemtherapeuten, Tauchlehrerinnen für den Apnoesport, Physiotherapeuten – diese Berufsgruppen führen

einen Menschen, der erstmalig mit seiner Atmung arbeiten möchte, sicher, effizient und langsam in diese Materie ein.

DAS BEWEGEN

Kurz gesagt:
Es geht nicht ohne.
Der menschliche Körper ist geschaffen, um zu laufen, zu heben, zu klettern, zu schwimmen, zu springen, zu kriechen, zu kämpfen, zu tragen.
Der Mensch ist für eine Vielzahl unterschiedlicher Belastungen bestens geeignet.
Doch heute?
Wenn überhaupt, findet Bewegung in Form von „Sport" statt.
Zu trainieren bedeutet, dem Körper (künstlich) das zu geben, wofür er gedacht war.
Leider verstehen die wenigsten Menschen, WIE wichtig regelmäßige, intensive und abwechslungsreiche Bewegung ist.
Natürlich ist es löblich, spazieren zu gehen, im Urlaub zu schwimmen oder Ski zu fahren. Im Sommer eine Radtour zu unternehmen.
Doch da ginge mehr.
„Sport" sorgt für eine Vielzahl von positiven Auswirkungen:
Durch die (disziplinierte) regelmäßige Durchführung wird das Durchhaltevermögen geschult, Herz, Kreislauf, das Verdauungs-, Hormon- und Nervensystem werden aktiviert und trainiert.

„Sport" macht klüger, schneller, stärker, schöner und vor allem entspannter.
Wenn er in adäquater Intensität betrieben wird.
Ein untrainierter Mensch, welcher sich an einem Halbmarathon versucht, schadet sich mehr, als es ihm guttut.
Finde ich jedoch die richtige Intensität – diesbezüglich gibt es für jede Sportart Profis, die einen unterweisen –, hat regelmäßige Bewegung nur Vorteile.

Bezüglich Stressabbau und dem gedankenlosen Sein im Jetzt ist Training unschlagbar.
Durch intensive körperliche Aktivität werden Stresshormone abgebaut.
Diese Hormone werden in belastenden Situationen vom Körper ausgeschüttet.
Ein Werkzeug, welches die Natur uns vor vielen Jahrtausenden mitgab.
Sie sollen einem Menschen dabei helfen, schnell weglaufen oder aber effizient kämpfen zu können.
Wenn ein Säbelzahntiger vor mir auftaucht, habe ich nur zwei Möglichkeiten:
Wegzulaufen oder zu kämpfen.
Für beides benötige ich einen „Turboboost".
Stresshormone erledigen das.

Das Problem:
Werden diese Hormone durch Muskelaktivität nicht „verbrannt", zirkulieren sie weiter im System des betroffenen Menschen.
Und genannte Hormone erhöhen den Puls, den Blutdruck, die Atemfrequenz und sorgen für höhere Muskelspannung.
Vermindern aber auch die Aktivität der Verdauung, die Libido und das Denkvermögen.
Vorgänge, die mir bestens dabei helfen, zu flüchten oder zu kämpfen.
Allerdings wenig sinnvoll im normalen Alltag.
Unangenehm wird es, wenn diese körpereigenen Stoffe durch einen stressigen Arbeitstag/anstrengende Kinder/eine Kündigung/eine Trennung/einen Streit/eine Lebenskrise ausgeschüttet und dann nicht verbrannt werden.
Nachdem der Mensch heutzutage ständig Stressoren ausgeliefert ist, kommt es zu einer regelmäßigen Ausschüttung dieser Hormone.
Und diese zirkulieren nun im Körper und sorgen für das Gefühl von Gehetztheit, für höheren Blutdruck und verspannten Nacken, schlechte Verdauung und keine Lust auf Sex.
Neben Schlaf- und Konzentrationsproblemen.

Das Verbrennen dieses „Turboboosts" würde sich einfach gestalten:
Intensive Bewegung.

INTENSIVE Bewegung.

Eine Stunde spazieren zu gehen, im Garten zu arbeiten, Gymnastik zu machen, ist wunderbar.

Aber leider zu wenig, um mein System effizient weg vom „Kampf oder Flucht"-Modus zu bringen.

Dafür würde ich Laufen, Krafttraining, Bergsteigen, Kampfsport oder ähnlich intensives Training benötigen.

Jede Aktivität, bei der ich für einen Zeitraum von mindestens 30 Minuten schwitze, schwer atme und mich anstrenge, ist passend.

Und ja, Krafttraining ist in jedem Alter und bei nahezu jeder Vorerkrankung möglich. (Da man um bestehende körperliche Probleme „herumtrainieren" kann.)

Besonders wertvoll sind genannte intensive Trainingsarten bezüglich der Gedankenkontrolle.

Wenn ich auf einer Beinpresse mit den Beinen mein doppeltes Körpergewicht bewege, denke ich nicht mehr.

SOLLTE ich dann noch denken, ist das gewählte Gewicht offensichtlich zu leicht.

Der Effekt eines fordernden Trainings findet auf mehreren Ebenen statt:

Einerseits bin ich dank der verbrannten Stresshormone entspannter, dank der Gedankenlosigkeit psychisch erholter, dank der gesteigerten Durchblutung wacher, frischer und „schöner", ich fühle mehr Energie in mir, Aggressionen werden abgebaut – dadurch wird man „cooler", entspannter und kann klarer denken.

Wenn Sie unter Stress, zwanghaftem Denken und überschießenden Emotionen leiden:
Gehen Sie drei Mal pro Woche für 40 Minuten in ein Fitnesscenter.
Lassen Sie sich ein Übungsprogramm erstellen und die Geräte erklären.
Und Sie werden innerhalb kurzer Zeit in Ihrem Leben mehr Kraft, Entspannung, Gesundheit und Wohlbefinden genießen können.

WAS PASSIEREN KANN

Der Beginn ist fordernd.
Man schafft Zeit für das Training.
Man gewöhnt sich an die neue Umgebung.
An die ungewohnten Maschinen.
Muskelkater.
Nach jedem Training zeigt einem der Körper, dass er diese Art von Belastung noch nicht gewöhnt ist.
Nach rund vier Wochen bemerkt man den Unterschied:
Man fühlt sich besser.
Körperliche Lästigkeiten und unterschwellige Schmerzen sind ebenso verschwunden wie chronische Verspannungen.
Irgendwie fühlt man sich wacher und aufgeweckter.
Und:
Es scheint, als wäre das Leben insgesamt leichter geworden.

Dann
passiert etwas Unvorhergesehenes.
Man wird krank, ein größeres Ausmaß an Arbeit ist zu bewältigen, ein Todesfall oder eine Trennung geschehen, ein längerer Urlaub wird absolviert etc.
Diese und viele andere Dinge sorgen dafür, dass das neu aufgenommene Training pausiert.
Das ist kein Problem, die wahrnehmbaren Verbesserungen sind weiterhin spürbar.

Vorerst.
Durch die Herausforderungen des Lebens wird die Trainingspause jedoch länger.
Und länger.
Nach mehreren Wochen erinnert man sich, wie gut die regelmäßige körperliche Betätigung getan hat.
Und wie lange man sie schon nicht mehr absolviert hat.

Use it or loose it.
Verwende es oder verliere es.
Dieser Spruch trifft zu 100% auf die Notwendigkeit der REGELMÄSSIGKEIT zu.
Zu trainieren bedeutet, sich auf ein Tun einzulassen, welches mit dem Zähneputzen zu vergleichen ist.
Es bringt mir nichts, wenn ich es hin und wieder mache.
Ja, es kann sein, dass ich situationsbedingt nur ein Mal pro Woche das Fitnesscenter aufsuchen kann.
Damit erhalte ich mir jedoch die erworbenen Fortschritte.
Und es fällt mir nicht schwer, wieder mein normales Trainingspensum aufzunehmen, wenn es etwas ruhiger im Leben geworden ist.
Wenn Sie begonnen haben – bleiben Sie dran.
Es lohnt sich.

SCHWIERIGKEITEN. PROBLEME. DRAMEN

Es ist normal, dass das Leben einem Menschen Schwierigkeiten, Probleme und Dramen schickt.
Kaum jemand ist davon verschont, Leid, Schmerz oder Enttäuschung irgendwann im Dasein zu erleiden.
Viele Menschen stellen sich in dieser Zeit die Frage:
„Wofür? Warum ich?"
Nach mehreren Jahrzehnten der Arbeit mit Menschen, die teilweise unfassbare Schicksalsschläge hinnehmen mussten, habe ich nur zwei Antworten gefunden:

„Wofür?"

Um sich zu entwickeln.
Jedes Problem, jedes Drama, welches ein Mensch hinter sich gebracht hat, verändert.
Im besten Fall lernt man daraus, entwickelt man sich, wird friedvoller, gütiger, verständnisvoller, reifer, weiser.
Dies passiert dann, wenn man den Schmerz nicht „verschwendet".
Verschwendet wird der Schmerz dann, wenn man sich durch diese Phase nur hindurchleidet, sich versucht abzulenken und sich mit dem aktuellen Prozess nicht bewusst auseinandersetzt.

Wenn man bereit ist, mit der Situation zu arbeiten, ihr zu begegnen, sich auf sie einzulassen und aktiv durch diese Phase zu gehen, leidet man kürzer und entwickelt sich schneller.
Meistens ist dazu Hilfe nötig:
Coaching, Therapie, spirituelle Begleitung.
Und ja, ich weiß:
Niemand will den Schmerz, niemand wählt den Schmerz.
Aber er kommt. Irgendwann im Leben eines jeden Menschen.
Dann ist er. Eine Zeitlang.
Und er vergeht.
Wann? Abhängig davon, wie effizient man sich darum kümmert.

WIE es mir in dieser fordernden Zeit geht, liegt in **meiner** Verantwortung.
Verstehe ich mich als Opfer, dem jede Handlungsfähigkeit genommen ist, so wird der Prozess lange dauern, mich erschöpfen und mir letztendlich „nichts bringen" (an innerer Entwicklung).
Und ja, auch in der größten Krise kann ich für meinen inneren Zustand sorgen, kann ich selbst entscheiden, ob ich mit Alkohol und Chips vor dem Fernseher liege und mich bedaure oder ob ich aufstehe und durch dieses „dunkle Tal" zügig hindurchgehe.
„Wenn du durch die Hölle gehst – BLEIB NICHT STEHEN"
Das bedeutet?

Verantwortung zu übernehmen für meinen **inneren Zustand**, indem ich Gedanken und Emotionen nicht überhandnehmen lasse.
Und Verantwortung zu übernehmen für meinen **äußeren Zustand**, indem ich MACHE.
Ich arbeite.
Ich pflege mich.
Ich trainiere.
Ich reinige meine Wohnung oder mein Auto.
Ich ernähre mich gut.
Ich halte soziale Kontakte aufrecht.
Ich. Gehe. Weiter.

„Warum ich?"

Warum nicht ich?
Jeder Mensch kommt früher oder später in einen Bereich des Lebens, der weh tut.
Dies ist normal, da das Dasein begleitet ist von ständigen Veränderungen.
Und manche Veränderungen können sehr, sehr schmerzhaft sein.
Nun bin ich an der Reihe.
Je länger ich damit hadere, dass es nun Probleme gibt, je mehr ich mich als Opfer sehe, je mehr ich NICHT MÖCHTE, dass das nun so ist – desto länger werde ich durch das dunkle Tal

gehen, desto stärker werde ich den Schmerz empfinden, desto hoffnungsloser wird sich die Situation anfühlen.

Und ja.
Es gibt Lebenssituationen, die dermaßen schlimm sind, dass man sich wirklich nur noch zum Sterben hinlegen möchte.
Und doch gibt es einen Grund, warum mir diese Situation „geliefert" wurde.
Leider erkennt man diesen Grund erst im Nachhinein.
Nach Monaten, Jahren, Jahrzehnten versteht man, warum dieses Drama nötig war, wohin dieses Problem mein Leben gelenkt hat, wieso es für mein gesamtes Dasein letztendlich wichtig war, diese Situation zu erleben und mit ihr umgehen zu lernen.

Es kann sein, dass in Zeiten schlimmster Schwierigkeiten es nahezu unmöglich ist, seine Gedanken und Emotionen unter Kontrolle zu halten.
Ein Strom an marternden Gedankenschleifen und -wiederholungen bestimmt den Alltag.
Dann ist es nötig, mehrere Werkzeuge zu verwenden:
Ich bin prinzipiell kein Freund davon, „positiv zu denken".
Positiv zu denken bedeutet, dennoch zu denken.
Wenn ich lernen möchte, mein Gehirn als Werkzeug zu benutzen, zu denken, wenn ICH es möchte und nicht „gedacht zu werden", hilft mir „positiv denken" nicht weiter.
Da ich im Denken bleibe.

Im schlimmsten Drama aber können angenehme Gedanken eine effiziente Hilfe sein, überhaupt erst zu den Werkzeugen der Gedankenlosigkeit zu kommen.
Als Überbrückung vom Chaos in meinem Kopf, zum Verwenden des Bewusstseins.
Die einzige Gefahr:
Ich bleibe auf der Ebene der Gedanken hängen und verliere mich wieder in meinem Kopf.
Der effiziente Ablauf sähe so aus:

Ich fühle Schmerz.
Sitze tief in einem Drama.
Habe ein riesiges Problem.
Mein Gehirn feuert unentwegt Gedanken bezüglich dieser Situation.
Ich sehe – eigentlich ungewollt – zu diesen Gedanken hin.
Ich gehe in Richtung dieser Gedanken.
Ich tauche ein in diesen Strom der Gedanken.
Emotionen entstehen, diese sorgen für noch mehr Aufruhr in meinem Kopf.
Ich finde keinen Moment der Ruhe, des Friedens.
Die Gedanken drehen sich im Kreis.
Die Selbstgespräche im Kopf werden lauter.
Die Emotionen quälen mich.
Ich fühle mich als Passagier, hilflos, diesen inneren Lärm zu unterbrechen.

<u>Jetzt:</u>
Ich denke aktiv an etwas anderes.
An etwas Angenehmes.
Ob eine Erinnerung an Erlebtes oder lediglich Vorgestelltes.
Ich denke präzise, sehe Details.
Ich lasse mich nicht verleiten, wieder zu den Schmerzgedanken zu sehen.
Ich gestalte ein vollständiges, reiches Bild des Angenehmen.
Es wird stiller in meinem Kopf, da ich nur noch EIN Bild – das des Angenehmen – in mir habe.
Der quälende Tumult ist zur Ruhe gekommen.

<u>Daraufhin:</u>
Ich höre, ob ich „den Fluss" plätschern hören kann.
Ich höre „weit hinaus", ob ich ihn hören kann.
Ich fühle meinen Untergrund.
Der mich trägt.
Der mich hält.
Ob ich sitze, liege oder stehe.
Ich fühle IN meinen Körper.
Ich nehme wahr, wie ich diesen meinen „Strampelanzug" ausfülle.
Ich nehme die aufkommende Stille in mir wahr.
Im Kopf ist es ruhig geworden.
Ich genieße den Frieden in mir.

Und ich wiederhole den Ablauf, wenn ich beginne, zum Problem „hinzusehen" und damit Gefahr laufe, wieder in das Drama hineinzufallen.

Bei schlimmsten Schmerzen ist es mitunter nötig, sich zum Frieden hinzuhanteln.
Man kann nicht schlagartig in ihn eintauchen, ich benötige Stufen, um das Chaos und den Tumult in mir zum Schweigen zu bringen.
Irgendwann
kommen die Gedanken wieder.
Meistens nicht so laut, meistens nicht so quälend.
Dann
fällt es mir leichter, mit einem meiner Werkzeuge wieder direkt in die Gedankenlosigkeit zu kommen.
Es kann sein, dass es nötig ist, alle paar Minuten zu etwas hinzuhören, in sich hineinzufühlen, die Umgebung wahrzunehmen, Gedanken fallen zu lassen, etwas zu schmecken oder zu riechen, etwas zu sehen.
Je öfter ich das Bewusstsein in die Gedankenlosigkeit lenke, desto weniger quälend werden sich die Gedankenschleifen aufbauen.

Und ja,
es ist normal, dass man es versäumt,

zeitgerecht wieder in die Stille, in den Frieden vorzustoßen.
Das bedeutet dann wieder etwas mehr Aufwand.
Schönes Denken, ein Werkzeug nach dem anderen nutzen, Ankommen in der inneren Stille.
Die meisten Menschen, die Lebensschwierigkeiten auf diese Art begegnet sind, haben erzählt, dass sie fassungslos waren, WIE friedlich es in ihnen wurde.
OBWOHL doch die Probleme nach wie vor vorhanden waren.
Ein wunderbarer Beweis, dass nicht die jeweilige Situation das Leid verursacht, sondern die Art des Denkens ÜBER die jeweilige Situation.
Für mich war es epochal, dies das erste Mal zu fühlen:
Nicht das Drama, das Problem, die Schwierigkeit lässt mich leiden.
MEIN DENKEN DARÜBER, mein Interpretieren der Situation lässt mich leiden.

Eines möchte ich dennoch ansprechen.
Wie viel Hilfe man auch in Anspruch nimmt, wie effizient man auch mit dem aktuellen Problem arbeitet, wie schnell man auch durch ein Drama hindurchgeht.
Es bleibt etwas übrig.
Jede Herausforderung des Lebens, jedes wirkliche Problem, jedes echte Drama, hinterlässt etwas im betroffenen Menschen.
Eine Delle, eine Abschürfung, einen (dunkleren) Fleck, eine Narbe.

Problematisch werden diese „Kriegsverletzungen" dann, wenn sie durch eine ähnlich gelagerte Situation wieder aktiviert werden.
„Wachgerüttelt" werden.
Dann kann es passieren, dass eine Art von (Gewebe? Psychischer? Seelischer?) Erinnerung aufsteigt, welche das aktuelle Drama um einiges stärker spürbar macht, als dies ohne vorhergehende Verletzung der Fall wäre.
(Der alte Schmerz einer Trennung wird nicht durch das aktuelle Problem eines Verkehrsunfalles aufgeweckt. Die „Schmerzfrequenzen" müssen sich ähneln, um das Leid stärker wahrnehmbar zu machen. Z. B.: ein Kind erlebt die Trennung der Eltern mit, ein Elternteil zieht aus, dies verursacht ein massives Trauma. Wird dieser Mensch nun von seinem Partner verlassen, kommt es zu einer Resonanz, zu einem Anstoßen, des alten Traumas. Der aktuelle Trennungsschmerz wird dadurch massiv verstärkt bzw. stärker wahrgenommen.)
Das Annehmen des Soseins der Situation und die Anwendung der genannten Werkzeuge hilft, trotz der Aktivität dieses „Schmerzboosters" einigermaßen zu sich und in verhältnismäßig tiefen Frieden zu finden.

DIE ERLEICHTERUNGEN

Es gibt eine Reihe an Werkzeugen, um ein neues Verhalten, neue Abläufe, das Verwenden des Bewusstseins zu lernen und zu üben:

Freude + Wollen + Motivation = Disziplin

Und Disziplin führt mit der Zeit zu <u>Gewohnheit</u>.
Und wenn ich eine produktive Gewohnheit entwickelt habe, erreiche ich das mir gesteckte Ziel wie von selbst.

FREUDE

Ich kann an einer Tätigkeit Freude haben.
Wunderbar.
Irgendwann kann es aber passieren, dass diese Freude leidet und verschwindet.
Durch Routine, veränderte Rahmenbedingungen, neue Interessen.
Z. B. freut es mich, Sport zu betreiben.
Er lässt mich besser fühlen, besser aussehen und macht mich gesünder.

Dadurch aber, dass ich Nachwuchs bekomme, kann ich Sport nur noch vor der Arbeit frühmorgens betreiben.
Das frühe Aufstehen ist lästig, nimmt mir mit der Zeit die Freude an der sportlichen Aktivität.
Das Ergebnis?
„Ja, vor den Kindern habe ich noch regelmäßig trainiert, jetzt mache ich gar keinen Sport mehr."

WOLLEN

Es kann sein, dass ich etwas WIRKLICH will.
Wirklich.
Dies führt zu hoher Energie beim Beginn eines Projekts.
Wenn aber die „Störfaktoren" des Lebens hoch genug werden, wird auch das Wollen löchrig:
„Nach drei Bandscheibenvorfällen werde ich trainieren, nie wieder WILL ich solche Schmerzen ertragen müssen." – 4 Jahre später ist der Schmerz vergessen und das Training Geschichte.

MOTIVATION

Ich kann ein Bild davon haben, weshalb ich einer bestimmten Tätigkeit nachgehen möchte.

So gut Motivation ist, man verliert sie allerdings leicht, wenn das Leben Ablenkungen in Form von fordernden Zeiten bereithält:
„Ich habe so brav Italienisch gelernt, weil es mir wirklich gefällt, im Urlaub mit Einheimischen sprechen zu können. Die Fortschritte waren großartig. In den letzten Monaten habe ich aber so viele Überstunden machen müssen, dass ich gar nicht mehr zum Lernen gekommen bin."

DISZIPLIN

Ein Werkzeug, welches beim Erlernen der Gedankenlosigkeit unendlich hilft, ist Disziplin.
Den eigenartigen Beigeschmack, den dieses Wort hat, Entbehrung, Härte, Nichtwollen, Durchbeißen, Schmerz, lasse ich beiseite, weil ein Werkzeug wehtun kann (Hammer und Daumen…), dennoch ist es – bei richtiger Verwendung – ein großartiges Werkzeug.

„Das Einhalten bestimmter Verhaltensregeln wie auch das Beherrschen des eigenen Willens und der eigenen Gefühle, um etwas zu erreichen",
weiß der Duden zum Thema Disziplin.
Ich verstehe Disziplin als Werkzeug, wenn die zuvor genannten Antriebe, etwas zu tun, nicht (mehr) funktionieren.

Und:
Es ist ein Irrglaube, dass Disziplin zu Entbehrungen führt.
Disziplin führt – auf lange Sicht – zu Belohnungen.
Undiszipliniert zu leben bedeutet, sofortige Belohnung einem größeren Erfolg oder einem gesteckten Ziel unterzuordnen.
(„Ich nasche SO gerne. Meine Zähne, mein Blutzucker und meine Figur werden das schon aushalten. Hoffentlich.")

Zu allererst:
Disziplin ist ein Werkzeug.
Dieses Werkzeug kann dazu führen, dass eine Tätigkeit zur Gewohnheit wird.
Ab dann stellt es keine „Arbeit" mehr dar, etwas zu tun.
Die Tätigkeit ist selbstverständlich.
Wie jedes Werkzeug KANN ich sie nutzen, wenn die Situation es erfordert.
Jedenfalls sollte ich nicht gezwungen sein, immer das gleiche Werkzeug zu benutzen.
Und die jeweilige Situation gibt auch vor, WELCHES Werkzeug ich benutze (um einen Nagel einzuschlagen werde ich keinen gläsernen Bierkrug verwenden, um den Rasen zu mähen keine Nagelschere).
Das heißt, ich benutze das Werkzeug der Disziplin, wenn es angebracht oder notwendig ist.

Die meisten Menschen haben sich bezüglich ihres Schlafes an einen gewissen Zeitrahmen gewöhnt. Man geht ein paar Stunden plus/minus zu Bett. Die Wenigsten gehen einmal um 21:00, dann um 03:00 und dann um 22:00 zu Bett. Und dies regelmäßig. Es kann passieren, die Gewohnheit gibt allerdings meistens einen Rahmen vor.

Vielleicht genügt es, mit Freude an die Sache heranzugehen. Ich freue mich daran, dass die Wiese frisch gemäht ist, damit geht mir die Arbeit leicht von der Hand.

Möglicherweise habe ich eine hohe Motivation, das Sicherheitstraining mit meinem Auto zu absolvieren.
Da ich so gut wie möglich das Fahrzeug bedienen können möchte, um möglichst viele Jahre unfallfrei zu fahren.

Unter Umständen will ich wirklich ein freundlicherer Mensch werden. Da es mir gefällt, diese Energie in die Welt zu bringen, und ich es mag, wie mir andere Menschen dadurch begegnen.

Großartig, wenn diese Werkzeuge funktionieren.

Mitunter kommt es allerdings vor, dass all diese Hilfsquellen nicht funktionieren.
Dann
benötige ich etwas, das mich „marschieren" lässt.

Das mich weitergehen, weitermachen lässt, mir hilft, mich zu überwinden.

Ich benötige dieses Instrument, um die „schwerere Straße" zu nehmen – anstatt diejenige, die zwar sofortige Belohnung verspricht, die aber kurzfristig, schal und in weiterer Folge frustrierend ist.

(Wer ist nicht schon einmal 25 Minuten länger im Bett gelegen, nur um dann festzustellen, dass der Genuss in keiner Relation dazu steht, wie sehr man den Rest des Tages der Zeit hinterherläuft.)

Ein Faktum, das als nahezu gemein erscheint:

Nur ich selbst bin für meine Disziplin verantwortlich.

Denn:

Disziplin kann nur aus mir selbst kommen.

Disziplin kann mich nur unterstützen und weiterbringen, wenn sie <u>aus mir</u> wächst.

Disziplin kann ich mir nur selbst aneignen.

Ich kann einen Trainer buchen, der mich zum Training motiviert, eigenverantwortlich und souverän über Jahre mein Training selbstständig durchzuführen werde ich dadurch jedoch nicht lernen.

Ich kann eine Lehrerin buchen, welche mich etwas lehrt, wenn ich jedoch nicht die Eigenverantwortung zu lernen aufbaue, werden meine Fortschritte gering sein.

Ich muss selbst die Instanz werden, die mich „motiviert", die Klarheit darüber hat, „dass es das wert ist".
Dies bedeutet, ich sollte meinen Disziplinmuskel regelmäßig trainieren, um ihn effizient nutzen zu können.
(Mit der Zeit habe ich bemerkt, dass es sinnvoll ist, diesen Muskel in unterschiedlichsten Lebensbereichen zu trainieren. Wenn ich NUR darauf achte, in meiner Partnerschaft nicht zu betrügen („Treuedisziplin"), so wird mir dies möglicherweise schwerer fallen, als wenn ich ebenso „richtig" morgens aufstehe, esse, trainiere, arbeite…
Es wird mir leichter von der Hand gehen, den „steinigen Weg" zu nehmen, wenn ich es ganz einfach gewohnt bin.
(Und nein, dies bedeutet nicht, nach Büßermentalität das Schwere und Harte im Leben zu suchen – es bedeutet, vorbereitet zu sein, wenn das Schwere und Harte in meinem Leben passiert. Und das wird es. Früher oder später wird dies im Leben eines jeden Menschen der Fall sein.)

Ein zweites Faktum:
Man muss ehrlich zu sich sein.
Die Grundfrage, die ich mir stellen muss, lautet:

IST ES DAS WERT?
Ist die Belohnung, das Ergebnis größer als die „Entbehrung"?

Habe ich drei Kinder und mit 45 Jahren einen Herzinfarkt, so kann ich die Frage, ob ich mit dem Rauchen aufhören soll, relativ leicht beantworten.
„Ja, es ist es wert, meine Kinder aufwachsen zu sehen. Dafür gehe ich den schweren Weg und höre auf zu rauchen."
Im Gegensatz dazu:
„Das Aussehen meines Körpers interessiert mich nicht, er sollte schmerzarm und relativ gesund sein, ich gehen nie in Bäder oder an den Strand und meine Partnerschaft besteht seit 25 Jahren. Dreimal in der Woche zu trainieren und auf meine Ernährung aufzupassen, ist mir das Aussehen meines Körpers absolut nicht wert."

Es ist zu erkennen:
Ich muss ehrlich zu mir sein.
Muss mir meine ECHTEN Bedürfnisse ansehen.
Erst dann kann ich entscheiden, wie weit ich meine Bedürfnisse ausleben kann und möchte. Wie wichtig sie mir wirklich sind.
Und wie weit ich diesbezüglich zu gehen bereit bin.
Was ich alles tun würde, tun werde, um meinen Wichtigkeiten und Bedürfnissen gerecht zu werden.
Und nein:
Dies heißt nicht, meine Mitmenschen vor vollendete Tatsachen zu stellen, den anderen meinen Willen aufzuzwingen.

Es bedeutet, durch Mut und Ehrlichkeit zu erkennen, was mir in meinem Leben WIRKLICH wichtig ist.
Und diese Wichtigkeit in Abstimmung und respektvollem Umgang mit meinen Nächsten und klarer Disziplin mir gegenüber zu leben.

Warum hole ich so weit aus anstatt ein paar Techniken und Übungen vorzuschlagen?
Aus einem einfachen Grund: weil Bewusstsein, das Leben im Jetzt, die Kontrolle von Gedanken und Emotionen erlernt und trainiert werden „muss". (Natürlich muss man gar nichts. Auch ein vollkommen unbewusstes Leben, hin- und hergerissen zwischen zwanghaften Denkschleifen und unkontrollierbaren Emotionen kann lebenswert sein.
Wenn ich aber die Wahl habe, wähle ich ein schönes, starkes, erfülltes, friedliches, waches und lebendiges Dasein.)
Insofern war und ist es mir bis heute wert, mehr zu lernen, mehr zu erfahren, regelmäßig zu üben, um noch tiefer in das Bewusstsein einzutauchen.
Der innere Zustand, der daraus resultiert, die Lebenszufriedenheit, die daraus erwächst, ist es mir absolut wert.

Disziplin, wie ich sie verstehe, hat absolut nichts mit Selbsthärte und Selbstausnützung zu tun.
Es hat auch nichts mit einem Dauerbetrieb zu tun.

Disziplin, wie ich sie verstehe, wird – wie das Denken – genutzt, wenn ich sie benötige.
Sie ständig zu verwenden bedeutet ebenso getrieben zu sein, wie es bei unbewusstem und zwanghaftem Denken der Fall ist.
Beides macht mich unfrei, nimmt mir die Möglichkeit der Wahl.
Letztendlich geht es um Freiheit.
Ich möchte das größtmögliche Ausmaß an Freiheit in mir spüren.
Wenn ich GEZWUNGEN bin zu denken, bin ich nicht frei.
Wenn ich GEZWUNGEN bin, immer diszipliniert zu sein, bin ich nicht frei.

Ich schreibe diese Zeilen an einem Dienstag.
Ich habe Lust, eine Zigarette zu rauchen.
Ich rauche und trinke allerdings nur von Freitag bis Sonntag.
Es fällt mir leicht, die Disziplin aufzubringen, unter der Woche nicht zu rauchen, auch WENN ich Lust dazu habe. (Gewöhnlich habe ich keine Lust dazu, ich habe irgendeinen Schalter in meinem Unterbewusstsein gefunden, der die Freude am Rauchen erst mit Freitagmittag beginnen lässt.)

Heute aber
lasse ich die Disziplin fallen.
Lasse ich die Gewohnheit fallen.

Und genieße mit Hingabe diese Rauchware.
Sollte ich allerdings morgen wieder Lust auf eine Zigarette bekommen, benutze ich das Werkzeug der Disziplin, um diese nicht zu rauchen.
Ich bin mittlerweile so frei, dass ich WÄHLEN kann, ob ich Disziplin nutze oder nicht.
Ein weiterer großer Schritt hin zu innerem Frieden und innerer Freiheit.

GEWOHNHEIT

Das Ziel.
Eine gewisse Tätigkeit kann mir dermaßen in Fleisch und Blut übergegangen sein, dass ich keinerlei Gedanken mehr daran verschwende.
Wäre es nicht wunderbar, immer in innere Ruhe und Frieden zu kommen, wenn ich es will?
Und nur mehr dann zu denken, wenn ich es brauche oder möchte?

Ich putze mir die Zähne.
Ob betrunken, unglücklich, im Urlaub, krank oder todmüde.
Ich bin es dermaßen gewohnt, mir die Zähne zu putzen, dass ich nicht einmal daran denken muss, welche Probleme mir entstehen könnten, wenn ich die Zahnpflege auslasse.

Ich mache es einfach, ohne Gedanken und ohne Emotionen. Eine sinnstiftende, nährende, angenehme, gesunde oder produktive Tätigkeit so durchführen zu können, sorgt für das Freiwerden von Energie in einem Menschen.

Wenn der Gedanke (und die damit einhergehenden Selbstgespräche) „ich sollte noch/ich muss noch/es wäre klug/es ist besser, wenn ich noch…" wegfällt und ich einfach TUE, spart das unglaublich viel Zeit und Energie.

Und wer wünscht sich nicht mehr Zeit und Energie in seinem Leben?

Sehr geehrte Dame, sehr geehrter Herr.
Liebe Interessierte,

ich habe für SIE diese Zeilen aus meiner langjährigen Erfahrung verfasst und niedergeschrieben.
Sie halten jetzt ein Werkzeug in Händen, welches Ihnen zu innerer Ruhe, Frieden, Entspannung und der bestmöglichen Voraussetzung für effizientes Denken verhelfen wird.
Hervorgerufen durch das Verändern der Art, wie Sie Ihr Gehirn, Ihr Denken und Ihre Emotionen verwenden.

In diesen Zeilen brachte ich Ihnen näher, wodurch das ruhelose und kaum zu stoppende Denken entsteht, wie Sie es erkennen und auf welche Arten Sie es zur Ruhe bringen können.
Um dadurch selbstständig und souverän in Ruhe, Frieden und Entspannung zu gelangen.
Und zwar dann, wenn SIE es möchten.
Um dann aus dieser Ruhe wiederum frisch und kreativ notwendige oder erwünschte Denkprozesse starten zu können.

Erlauben Sie mir, noch einmal zusammenzufassen:

Das Denken, wie wir es kennen, ist evolutionären Prozessen geschuldet.
Unsere Vorfahren waren mit nennenswert leistungsschwächeren Gehirnen ausgestattet, es ist anzunehmen, dass sie – ähnlich

wie es bei Tieren zu beobachten ist – in einem Zustand des gedankenlosen Bewusstseins und grundsätzlich friedlichen Innenlebens ihren Alltag bestritten.
Zweifelsohne waren auch sie unter dem Druck, das Leben zu meistern und für das blanke Überleben Herausforderungen zu bewältigen.
Dies hat sicherlich für Strapazen im Dasein dieser Menschen gesorgt.
Wovon sie aber höchstwahrscheinlich verschont waren, sind die sich wiederholenden, zwanghaften und nicht freiwillig gewählten Gedankenschleifen, die das Leben des modernen Menschen so belastend machen.

Ein funktionierendes Gehirn wie das des Homo sapiens bedeutet einen immensen Wettbewerbsvorteil.
Dank dieses Gehirns haben wir uns innerhalb relativ kurzer Zeit zu den Beherrschern dieses Planeten entwickelt.
Mit all dem begleitenden Wahnsinn und den dramatischen Fehlentwicklungen.
Wie kam es dazu?
Zuerst nutzte die Menschheit ihren eingebauten Supercomputer, um das Leben sicherer, einfacher und bequemer zu gestalten.
Nachdem uns dies gelungen war, wollten wir mehr.
Mehr von allem.
Und es gelang uns in atemberaubender Geschwindigkeit.

Was allerdings auf der Strecke blieb, war das Erlernen der Fähigkeit, diesen Supercomputer in unserem Kopf auch vollständig bedienen zu können.
Dieser Computer wurde verwendet und verwendet.
Irgendwann hat sich das System dann verselbstständigt, das Gehirn dachte „wie von alleine" und nahezu ständig.
Alkohol, ständige Musikberieselung, Drogen, Fernsehen, Psychopharmaka, ein ganzes Universum an „Behelfen" wurde erschaffen, um den Lärm im Kopf irgendwie ausblenden zu können oder erträglicher zu machen.
Was nicht geschaffen wurde, war eine Betriebsanleitung.
Wie nutze ich diesen Computer effektiv und wie schalte ich das Ding auch wieder ab?

Die meisten Kinder sind spätestens zur Zeit des Schuleintrittes mit der Funktion ihrer Blase vertraut, sie beachten sie wenn nötig, den Rest der Zeit schenken sie diesem Organ keine Aufmerksamkeit.
Erst wenn die nächste Entleerung stattfinden sollte, kommt ihre Funktion wieder in das Bewusstsein.

Eine dermaßen simple Gebrauchsanleitung für unser Gehirn hat uns niemand ausgehändigt, geschweige denn beigebracht.
Mit dem Ergebnis, dass ein Großteil der Menschheit sich im Zustand von ständig wiederkehrenden Denkschleifen befindet.
Die nie zu einem Ende kommen.

Dies sorgt für ein stetiges Gefühl von Stress und Getriebenheit.
(Und sorgt auch für das Fehlen von grundsätzlicher innerer Ruhe und Entspannung.
Die für effizientes Denken jedoch absolut notwendig ist.)
Stress und Getriebenheit aus einem einfachen Grund: weil der normale Alltag ausreichend intensive Anforderungen an uns stellt.
Was relativ einfach zu bewältigen wäre, würden wir nicht <u>während</u> der Bewältigung dieser aktuellen Probleme gleichzeitig in unserem Kopf an weiteren – im Jetzt nicht existenten – Problemen arbeiten.
(Diese Probleme kann man auch „Sorgen, Wünsche, Ärgernisse, Hoffnungen, Ängste…" nennen.)
Die natürlich nie gelöst werden, da sie rein gedanklich sind.
Natürlich kann ich ein Thema beleuchten, bedenken und eine Lösung <u>planen</u>.
Allerdings nur, wenn ich an diesem EINEN Thema dranbleibe – zur Überprüfung: Können Sie von 1.000 in 14-er Schritten herunterzählen und währenddessen die Erlebnisse des heutigen Tages niederschreiben? Das geht nicht? Völlig richtig.
Ebenso wenig, wie ein Problem im echten Leben JETZT anzugehen ist und <u>währenddessen</u> ein anderes Thema im Kopf zu lösen ist.
Eine Ihrer Beschäftigungen wird darunter leiden und ineffizient sein.

Entweder das, was Sie aktuell tun, oder das, woran Sie währenddessen denken.
BEIDES effizient zu erledigen ist nicht möglich.
Versuchen Sie es dennoch, so wird sich das Gefühl von Stress und Überlastung bei Ihnen einstellen.
(Noch mehr Stress wird sich aufbauen, wenn Sie während Ihrer Aktivität im Jetzt an MEHR als ein Problem denken…)
Nicht, weil Sie so viel Arbeit haben – sie können ja nur eine Tätigkeit pro Moment machen –, sondern, weil Sie durch Ihren überaktiven Denkapparat Energie verlieren. Energie, die für die Tätigkeit im aktuellen Moment praktisch wäre. Sie einfacher machen würde.)

Was ist nun der Unterschied zwischen Denken und Denken?

Im besten Fall denken Sie nicht.
(Nutzen Sie gerade Ihre Blase? Eben. Erst wenn es nötig ist, nutzen Sie diese.)
Das heißt Sie denken,
WENN SIE ES BENÖTIGEN.
Danach schalten Sie den Denkapparat wieder ab.
Sie meinen, das ist schwer?
(Haben Sie es gerade schwer mit Ihrer nicht verwendeten Blase?)
Es ist nicht schwer, Sie haben sich lediglich einige schlechte Gewohnheiten angewöhnt, diese lassen sich mit etwas Bewusstsein und Übung auch wieder abgewöhnen.

Es ist wundervoll zu beobachten, wie viel Ruhe in ein Leben einkehrt, wenn das Gehirn verwendet wird, wofür es gedacht ist: als Werkzeug.
Als Werkzeug, das effiziente Arbeit leistet. Ist diese Arbeit getan, wird es nicht mehr verwendet.
Wird der Denkapparat auf diese Weise verwendet, so funktioniert er frisch, schnell und kreativ.
Das Gehirn ist, aus der Ruhe kommend, „am Sprung", um effizient arbeiten zu können. Danach begibt es sich wieder zur Ruhe.

Im Kontrast dazu steht das zwanghafte Denken.
Das „Gedacht-Werden". (Nicht wenige Menschen haben nicht einmal die Wahl zu denken, es denkt „in ihnen", ob sie wollen oder nicht, der Supercomputer hat ihr Innenleben beinahe völlig übernommen.)
Wodurch entsteht dieses zwanghafte Denken?
Wie ich beschrieben habe, ist es meiner Meinung nach ein Mechanismus, der vom Ego in Gang gesetzt und in Bewegung gehalten wird.

Das Ego.

Die Stimme in uns, die vorgibt, ich zu sein.
Erschaffen durch das frühkindliche Entstehen eines Gefäßes („DU bist der Philip"), welches mit Informationen,

Glaubenssätzen, Erfahrungen, Anerzogenem, Erlerntem gefüllt wird („der Philip ist aber ein Braver/Dummer/Schöner/Lustiger, das ist DEIN Spielzeug, das kann der Philip aber gar nicht gut...").
Mit der Zeit fülle ich das entstandene Gefäß selbst weiter an.
Mit Vorstellungen von mir, Wünschen, wie ich sein möchte oder sollte.
Über die Jahre bildet sich somit ein Selbstbild, das vorgibt, ich zu sein.
Und dieses Selbstbild schützt sich.
Denn man möchte ja man selbst bleiben.
Grenzt sich ab.
Wehrt sich.
Möchte wachsen.
Will jedenfalls Recht haben.
Und um dies zu bewerkstelligen nutzt es –
richtig –
das Gehirn.
Durch das Initiieren von Gedanken, die zu Gedankenschleifen führen können, stabilisiert sich das Ego.
Das Ego „hilft" dabei, ständige innere Dialoge zu führen, was gerade sein sollte, was nicht sein sollte, was gut ist, was nicht gut ist etc.
Leider häufig auf Kosten des Menschen, der unter ihm und seinen Auswüchsen leidet.

Wäre dies nicht schon genug, „helfen" Emotionen – ob gewollt oder nicht – dem Ego bei seinen Aktivitäten.

Ein Mensch, der nicht in seinem Bewusstsein lebt, wird also zwischen seinem Ego und seinen Emotionen ordentlich in die Zange genommen.

Diese Klammer sorgt dafür, dass das Individuum weit weg von innerem Frieden, innerer Ruhe und einer wachen wie auch entspannten Grundhaltung geführt wird.

Ich hoffe, dass ich Ihnen mit meinen Zeilen einen Weg weisen, eine Anleitung geben konnte, wie Sie das wundervolle Werkzeug des Gehirns nutzen können, ohne von ihm benutzt zu werden.

Ich wünsche Ihnen, dass Sie durch das richtige Verwenden Ihres Denkapparates und Ihrer Emotionen Frieden, innere Stille, größtmögliche Entspannung und die Fähigkeit erlangen, kreativ, effizient und leicht zu denken.
Denn zu denken ist wunderbar.

<u>Wenn SIE es möchten.</u>

Herzlich
Philip van Haentjens